Klaus Wallendorf

Zwischen Mundstück und Mikrofon

Klaus Wallendorf

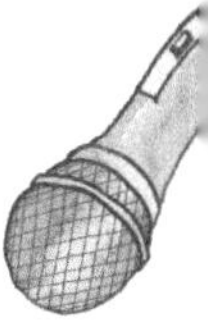

Zwischen Mundstück und Mikrofon

Aus den Papieren eines philharmonistischen Hornisten

Illustriert von Heike Drewelow und F.W. Bernstein

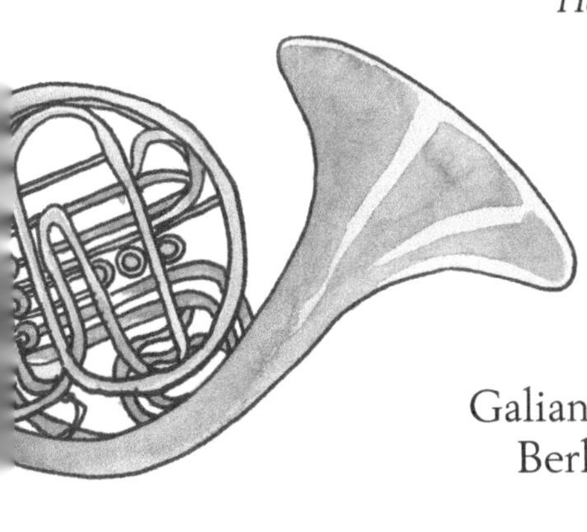

Galiani
Berlin

Dem
Elgersburger Waldhornwerk
gewidmet

INHALT

TEIL 1
Gehversuche

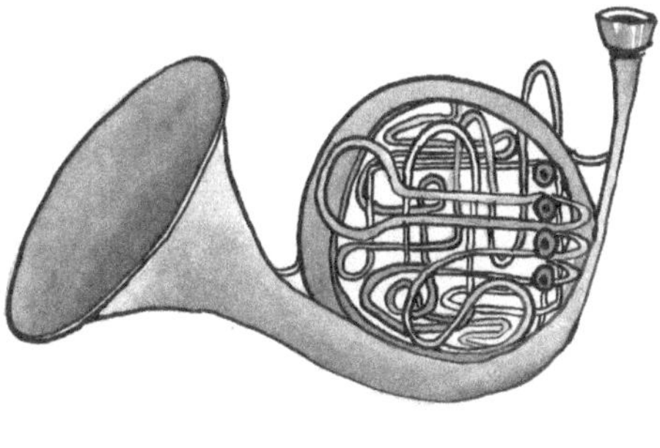

»In Ilmenau, da ist der Himmel blau, da tanzt der Ziegenbock mit seiner Frau …« Thüringische Kinderreime wie dieser bildeten zusammen mit Versen aus dem *Wilhelm-Busch-Album* die Grundlage meiner vorschulischen Sprechausbildung, die mit jeder Kindersendung des Rundfunkprogramms anspruchsvoller wurde und in der Zeit um meinen siebenten Geburtstag herum, im November 1955, einen zungentechnischen Höhepunkt erreichte, als mir die rasante Wortmeldung gelang »Sie hören den Wetterbericht des Meteorologischen Instituts der Freien Universität Berlin«. Freie Universität? Das ließ die Kindergärtnerin aber aufhorchen.

»Frau Wallendorf, Ihr Kleiner hört Westsender. Da würde ich an Ihrer Stelle mal bisschen aufpassen! Sie sind doch sonst so eine unbescholtene Familie!« Diese dezente Andeutung war meinen Eltern gar nicht recht, denn sie trugen sich mit Ausreiseplänen, in die außer meinen Großeltern, mit denen wir das Haus teilten, niemand eingeweiht war.

Sie, die Großeltern väterlicherseits, stammten aus Elgersburg im Thüringer Wald. Ihre Hoffnungen, ins

Bildungsbürgertum des ehemaligen Luftkurortes aufzusteigen, scheinen ganz und gar auf dem Bruder meines Vaters geruht zu haben, waren mit dessen Heldentod aber jäh erstorben, und weder das Klavier in der guten Stube noch das Bandoneon im Keller wurden danach wieder zum Klingen gebracht. Meine kindliche Neugier auf das, was aus dem Klavier herauszuholen war, erlosch nach Großmutters gestalterischen Bemühungen um den Flohwalzer, und so wären die ersten zehn Jahre meiner Kindheit ohne nennenswerte musikalische Impulse verstrichen, wenn mir mein Opa Walter, Großvater mütterlicherseits und Kleinspediteur aus dem Nachbarort Gehren, nicht zu meinem fünften Geburtstag 1953 eine Kindertrommel geschenkt hätte.

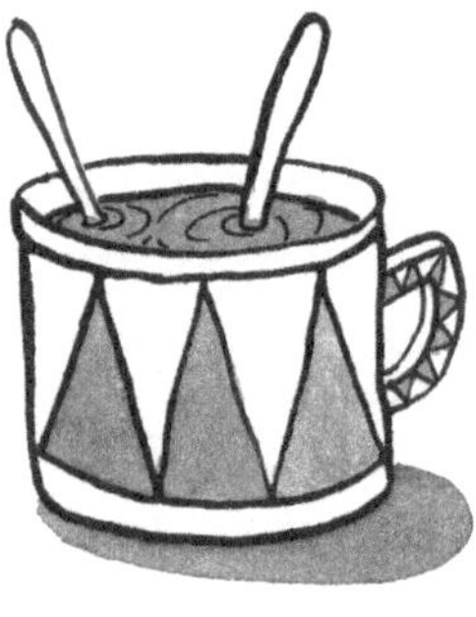

Auf ihr gelangte ich autodidaktisch zu rhythmischen Fertigkeiten, die unsere Kindergärtnerinnen gern zur Unterstützung gemeinsamer Schrittfolgen bei den öffentlichen Umzügen ihrer dörflichen Schützlinge einsetzten. Wenn ich dann heimkehrte und unter dem Wohnzimmertisch versonnen weitertrommelte, kam es vor, dass Opa Walter sich musikalisch angeregt fühlte und mit seinem rußigen Bass *Im tiefen Keller sitz' ich hier* sang. In meiner nachträglichen Deutung waren damit Melodiebildung und rhythmische Grundierung schon im frühen Kindesalter zumindest auf häuslicher Ebene angelegt und warteten von da an auf ihre Wiederbelebung. Zunächst aber verwirklichten meine Eltern ihre Pläne, ohne Aufsehen den Machtblock zu wechseln, und zogen 1955 vom Thüringer Wald in den Westen. Während die Volksschulen beider Bildungssysteme mir außer Partei- oder Karnevalshymnen kaum erinnernswertes Liedgut mit auf den Lebensweg gaben, geriet ich auf dem Düsseldorfer Gymnasium schon früh unter den Einfluss der Städtischen Jugendmusikschule und wurde als Quartaner um das Jahr 1961 herum mit einem mir bis dahin unbekannten Musikinstrument namens Waldhorn samt dazugehöriger Unterweisung ausgestattet.

Ein älterer, kleiner, norddeutsch sprechender Herr namens Paul fand meine Oberlippe reichlich dick und verpasste mir ein Mundstück mit entsprechend breitem Rand. Dieses Mundstück steckte er aufs Mundrohr des auch nach zwei Aufbewahrungstagen noch völlig unvertrauten Instrumentes, erklärte mir, wie ich es ohne Haltungseinbußen an die Lippe zu führen hätte und eröffnete meine Musikerlaufbahn mit den Worten: »So, nun puste mal da rein.

Aber nicht die Backen aufblasen, dafür ein T spucken, als ob du ein Haar auf der Zunge hättest.« Diese Kurzanleitung erwies sich vordergründig als nützlich, und so füllten meine allerersten Horntöne sein altdeutsch eingerichtetes Wohnzimmer mit etwas, das den Würgelauten einer verendenden Echsenart glich.

»Na siehste, geht doch!«, richtete Paul mich auf und erläuterte mir, ich hätte soeben die in der Musik sehr populären Töne F und A erzielt, sehr viel mehr könne man in der ersten Stunde nicht erwarten, Anzeichen für eine Begabung seien allerdings schon jetzt unüberhörbar.

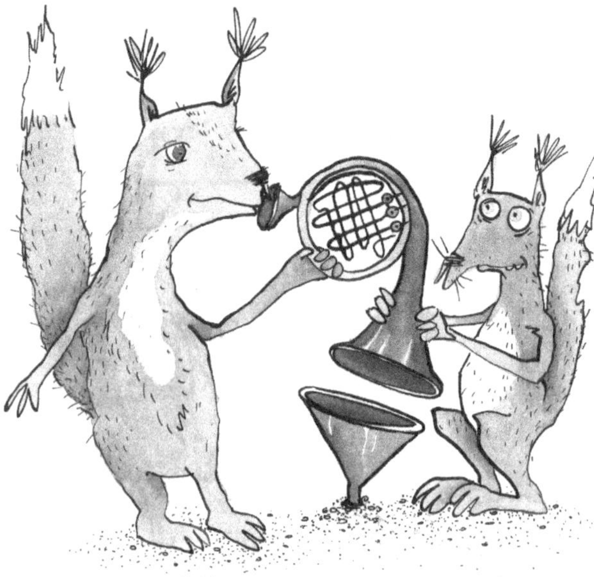

Im engeren Familienkreise mochte man diese Einschätzung zunächst nicht teilen, und auch Frau Büsdorf im Stock über uns reagierte auf meine ersten häuslichen Tonfolgen mit Signalen des Unverständnisses. Nicht zuletzt ihretwegen war ich von Anfang an bestrebt, beim Üben so schonend wie möglich vorzugehen; ausgezogen sind wir schließlich, weil die Wohnung zu klein wurde.

Als Horn-Eleve lernte ich nun mit meinen zwölf Jahren eine Reihe von Routinepflichten kennen, die seitdem die gleichen geblieben sind und es wohl auch bleiben werden, bis das Instrument meinen alterswelken Händen entgleiten wird. Das Töne-Aushalten etwa ist eine lebenslange, tägliche Übung für fast alle Instrumentalisten und in des Begriffes doppelter Bedeutung auch für deren Nachbarn. Von den Warntönen einer Schiffssirene nur durch die Veränderbarkeit der Tonhöhe unterscheidbar, sind die Hornlaute der ersten Ausbildungsphase eine arge Belastung für das soziale Gefüge einer Mietwohngemeinschaft, aber die Toleranz unserer Anwohner wuchs glücklicherweise zusammen mit meinem Tonumfang, und mit kleinen, selbst gebastelten Melodien versuchte ich zudem, ein bisschen Farbe in die unerlässliche Monotonie der instrumentalen Gehversuche zu bringen.

Auf diese kompositorische Eigeninitiative blieb ich so lange angewiesen, wie die Anforderungen der mir von Paul auferlegten Etüdensammlung meinen nur zögernd anwachsenden Tonvorrat deutlich überstiegen, und noch nach einem Jahr Hornpraxis musste ich mich bei der musikalischen Umrahmung einer Abiturientenfeier mit der tieferen, zweiten Stimme an der Seite meines musikalisch unbegabten, aber umfangsstärkeren Konkurrenten Hendrik abfinden. Dieser erste öffentliche Auftritt – das Volkslied *Heideröslein* – hatte seinen Höhepunkt an der Stelle: »Röslein, Röslein, Röhöslein **roooot**«, einer verhältnismäßig hohen und damit aus Anfängersicht heiklen Passage, die meinem Duo-Partner schon im vorbereitend-tastenden Anlauf entglitt und sodann unwiederbringlich, an der geplanten Melodievorlage weit vorbei im nicht mehr kontrollierbaren Gepruste und Gegröle der jüngeren Zuhörerjahrgänge unterging.

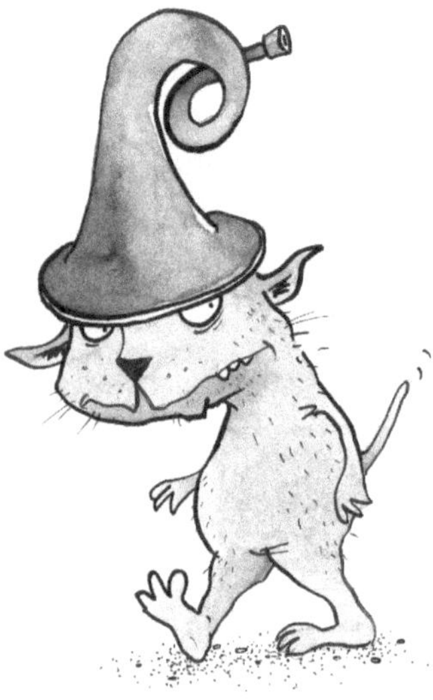

Noch während das unter diesem elementaren Höreindruck um Fassung ringende Lehr- und Aufsichtspersonal in der brodelnden Aula für Ruhe zu sorgen versuchte, wurde mir klar, auf welche Demütigungen sich ein Vortragender im Misslingensfalle einlässt.

Das pädagogische Geschick meines Hornlehrers war nichtsdestoweniger so groß, dass ich fast ohne eigenes Zutun innerhalb weniger Jahre weit über meinen Mundstückrand hinauswuchs und sechzehnjährig den 1. Preis im Bundeswettbewerb *Jugend musiziert* gewann. Die Preisträger erhielten zur Belohnung Aufenthalte bei internationalen musikalischen Feriencamps geschenkt. Einige durften im Sommer 1965 nach Interlochen in Michigan reisen, andere – auch mich – sandte man nach Westberlin, wo sich im Jagdschloss Glienicke das erste Jeunesses-Musicales-Weltorchester formierte. Hier, an der Wegscheide zwischen bürgerlicher und künstlerischer Berufsausrichtung, entschied ich mich in einer bis dahin nicht erlebten Atmosphäre weltumspannender Musizierlust für den Musikerberuf und hatte für den bitteren Brief der Düsseldorfer Schulleitung, die mir in jenen Berliner Sommertagen das Ausmaß meiner schulischen Verelendung übermittelte, wenig mehr als ein Achselzucken übrig.

Während jener wegweisenden Wochen im Schatten der Glienicker Brücke bot sich uns bereits das gesamte noch heute wirksame Leistungs- und Freizeitspektrum eines Orchestermusikers dar. Sogar die

Begegnung mit dem natürlichen Hauptgestaltungspartner der Orchesterinsassen, dem Dirigenten, war von den dort praktizierenden Exemplaren in Grundzügen angelegt und vermittelte uns die gleiche Mischung aus Mitgestaltungswillen, Ablehnung und trotziger Selbstverwirklichung wie im späteren Berufsleben.

DIE MÜHLE IM KELLER

Noch im Herbstsemester nahm ich mein Studium auf und wählte als zweites Hauptfach neben Horn das Schlagzeug aus, denn die Impulse, die Opa Walter mit Überreichung der Sonneberger Spielzeugtrommel ausgelöst hatte, waren unvermindert wirksam geblieben und fanden sich nun als Klopfzeichen meiner Spielfreude in *Hochrainers Schlagzeugschule* wieder, einem Etüdenwerk von anhaltender Gültigkeit, geschrieben von einem Pauker der Wiener Philharmoniker.

Mein Düsseldorfer Paukenlehrer Ernst G. wiederum, ein Kollege Pauls, wurde kurz vor meiner ersten und letzten Zwischenprüfung auch mein Klavierlehrer am Konservatorium und lotste mich zunächst umsichtig durch die ersten 54 Takte aus Mozarts *Klaviersonate Nr. 5* auf die Note *Befriedigend*, bevor er meine pianistischen Ambitionen verebben ließ und wir uns nur noch dem Rhythmus und seiner Erlernbarkeit hingaben.

Die damals angespannte familiäre Situation des Ernst G. kam meinen gutmütigen Eltern zu Ohren, die ihn eine Zeit lang zu Prost- und Trostabenden in unsere Wohnung einluden. Im Lauf der Gespräche erfuhren sie nun endlich allerlei Wissenswertes aus der Welt der besoldeten Musiker, mehr jedenfalls, als ich – wortkarger Pubertierender – ihnen bisher übermittelt hatte. Ernst holte weit aus und hatte viel zu sagen. Meine Eltern staunten. Natürlich sei das Horn ein schönes Instrument, räumte Ernst ein, aber wie begrenzt in Umfang und Wirkungsradius, wie unhandlich, und dann die ständige Putzerei. »Der Hornist weiß außerdem nie, ob sein nächster Ton in die Landschaft passt«, meinte Ernst. »Und dann das ewige Transponieren! Wenn der Hornist ein Fis sieht, über das der Komponist ›in D‹ geschrieben hat, muss er von der Grundstimmung C erst mal nach F, also eine Quinte tiefer runterrechnen, wo nämlich das Horn als solches quasi schon werkseitig drinsteht, und kommt dann auf die geblasene Note Dis, die wiederum wie Es tönt und als klingendes As bzw. Gis das Instrument verlässt. Wenn alles gut geht! Möchten Sie das Ihrem Sohn wirklich ein Leben lang antun?« Meine Eltern staunten und gossen nach. »Und dann die Nervenbelastung! Was glauben Sie, Frau Wallenberg!, wie viele Hornisten ich schon unter der Last ihrer Anforderungen habe einknicken sehen! Bruckners *Vierte* in Rheydt neulich: jeder Ton ein Gurgler, der G. kam einfach nicht mehr in die Spur. Für den war die Woche gelaufen. Ich dagegen hinter meinen Pauken: peng und bumm, ein paar lange Wirbel, fertig ist die Laube. Eingestimmt sind sie schon, da kann man unterwegs ja auch mal nachjustieren, dafür hat man ja die Pedale heute, und bei den amerikanischen Plastikfellen hält ja sogar ein hohes F wochenlang die Stimmung, come rain – come shine, aber die Dinger kommen mir nicht unter die Finger, ich mein ja nur. Ich bleibe beim Dresdner Apparatebau mit den tollen Kalbfellen, davon später vielleicht mal mehr, wenn Sie's interessiert. Also, noch können Sie sich das überlegen. Der Klaus ist ein hochbegabter Pauker, und Rhythmus hat er auch, das liegt im Blut, damit kenn ich mich aus. Natürlich schade für die Hornwelt, höhö!« Meine Eltern waren verwirrt und gossen nach. Tatsächlich war auch ich nach einigen Erfolgen bei öffentlichem Paukenspiel unsicher hinsichtlich meiner Instrumentenwahl geworden, hatte auch schon von den sagenhaften Verdienstmöglichkeiten der Kölner Schlagzeuger gehört und selbst mit angesehen, wie mein Freund Kurt als Aushilfsperkussionist während der dreißig Minuten, die ein uraufgeführtes Werk von Milko Kelemen dauerte, sage und staune zweimal an einem balinesischen Bambusgestrüpp zog, sodass es hölzern raschelte, und das war schon sein Beitrag zum Gelingen eines Musica-Viva-Konzertes gewesen. »Von der Gage flog er nach Malle. Und die Hornisten tröten sich die Lippen blau und müssen sich auch noch stundenlang einblasen«, legte Ernst nach. Meine Eltern staunten weiter, und so hatten wir manches zu besprechen, nachdem er gegangen war. Wenig später begleiteten sie mich nach Solingen, wo ich auf Ernsts wohlbedachte Vermittlung hin im Chorkonzert eines bergischen Laienorchesters die prominent verwendeten Pauken in Beethovens *Neunter Sinfonie* schlagen durfte. Die *Neunte* pauken! Da fühlt man sich drei Sätze lang als Dreh- und Angelpunkt des musikalischen Abendlandes. Nur im Adagio ist nicht viel zu tun, dafür gibt es dort ein hinreißendes Hornsolo, allerdings ausgerechnet für viertes Horn, was sich der Meister dabei wohl gedacht hat? Das hätte ich vielleicht doch ein bisschen inniger hingekriegt …

Meine Eltern empfanden ähnlich, trotz ihres noch ungeschulten Hörvermögens. Und so ging die Diskussion über meine Instrumentenwahl auch auf der Heimfahrt weiter, auf dem freien Rücksitz klapperte die tiefere der beiden geliehenen Pauken und rollte in den Kurven zu Vater hinüber, die hohe kullerte durch den Kofferraum. Manchmal muss man seine Pauken selbst mitbringen, in der Regel werden sie aber gestellt. Sagte Ernst.

Eines Morgens saß ich wieder einmal im Übekeller der Schlagzeugklasse und übte auf der Kleinen Trommel die *Mühle*, eine unerlässliche Grundübung zum Erlernen des Trommelwirbels. Dabei liegen die ersten Schläge noch sekundenweit auseinander, mit zunehmender Geschwindigkeit werden aber die Abstände zwischen den einzelnen Impulsen immer kleiner, und am Ende steht der dichte, runde, wie Regen (oder wie Erbsen auf Pappkarton) prasselnde Wirbel, weshalb es ja auch Trommelregen heißt oder Trommelfeuer. Das könnte grafisch (r bezeichnet die rechte, l die linke Hand) etwa so aussehen:

r r l l
r r l l
r r l l
r r l l
r r l l
r r l l
r r l l
rrllrrll
rrllrrllrrllrrll
rrllrrllrrllrrllrrllrrllrrllrrllrrllrrllrrllrrllrrllrrll

… fertig ist der Wirbel. Die entsprechende Übung der Blechbläser beim Erlernen der Doppelzunge ist ähnlich aufgebaut, wobei ich den Zungenstoß als ta und ke aufgeschrieben habe.

Ta ta ta ta ta ta tatatatata … wenn's nicht mehr schneller geht, wird zur *Doppelzunge* (siehe auch Teil 3, auf Seite 159) gewechselt: beschleunigendes ta---ke---ta--ke--ta-ke-taketaketaketake, damit kommt man sogar durch den *Hummelflug,* und schon jenseits dieser Anforderungen steht die rasend durch den Mundraum fräsende *Flatterzunge,* die wie ein

Trommelwirbel im Rachenraum klingt: rrrrrrrrrrrr rrrrrrrrrrrrrr – aber nicht hinten am Gaumen wie beim preußischen, sondern weiter vorn wie beim bayerischen RRRRRR. Verständlich?

Ich übte also die *Mühle*, als mitten im Furioso der frenetisch kreiselnden Trommelstöcke mein Hornlehrer Paul eintrat und mich mit dem Angebot überraschte, für sechs Wochen im Städtischen Sinfonieorchester Aachen vertretungsweise als Hornist einzuspringen. So brachte ich sechzehnjährig mein erstes durch Hornspiel verdientes Monatsgehalt nach Hause, erreichte mein Ausbildungsziel gleichzeitig mit Beginn des Studiums … und konnte sogar schon auf einige elementare Grundzüge der Kantinenpraxis zurückblicken, einen Ort, der mir lieb wurde, denn die Kantine ist für die Beschäftigten ein Ernährungsstützpunkt, für die Unbeschäftigten ein Basar der Mitteilsamkeit und für die Verlorenen eine Heimat. Hier werden großräumige künstlerische Konzepte entworfen, Beziehungen geknüpft, gepflegt oder beendet, hier verflüssigen sich die auf der Bühne erlebten Triumphe oder Niederlagen, hier kann der einsame Musikant inmitten von Matrosenchören, Souffleusen und Komparsen fast rund um die Uhr grundlos verweilen und sich dabei noch vom tröstlichen Gefühl tragen lassen, er werde bald gebraucht; kurz: In der Kantine fühlte ich mich zu Hause.

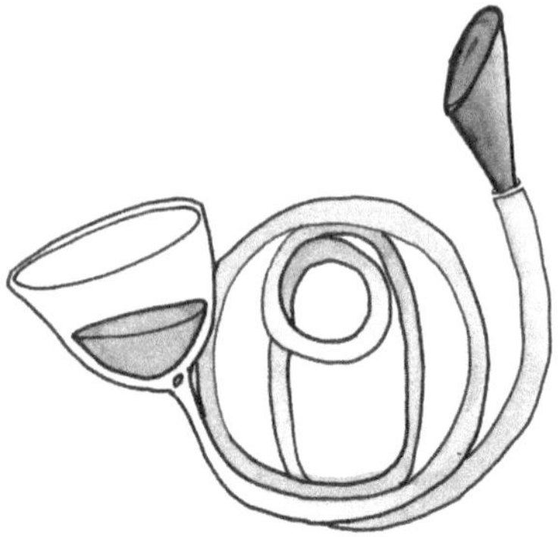

Ich verschob also den schon angezahlten Foxtrott-Lehrgang für mittelreife Schulabgänger, fuhr stattdessen mit Schülerermäßigung mehrmals wöchentlich von Düsseldorf nach Aachen und gewöhnte so meine Eltern an die chronische Mobilität des fahrenden Musikanten.

Im Aachener Stadttheater konnte ich meine oberflächlichen Erfahrungen aus dem Düsseldorfer Orchestergraben vertiefen und lernte Werke kennen, denen ich seitdem nie wieder begegnet bin, etwa *Die Goldene Meisterin* von Edmund Eysler oder Nico Dostals *Ungarische Hochzeit.* Meinem damaligen Eindruck nach benötigt man das Reaktionsvermögen eines Kolibris, um Operetten vom Blatt zu lesen. Daher empfand ich es als ermutigendes Zeichen, wenn ich den jeweiligen Aktschluss gleichzeitig mit anderen Musikern erreichte. Trotzdem wurde ich nie wieder zur Aushilfe bestellt, vielleicht, weil ich während der Vorstellungen immer die Bierschinkenstullen verzehrte, die mir Mutter in ihrer gütigen Sorge um meine leibliche Entwicklung mit auf den Weg gegeben hatte.

Einmalig in meinem Berufsleben blieb die aachenspezifische Verpflichtung der wie immer hinten sitzenden Hornisten zum sinfonischen Küchendienst. So stand in unseren Noten jeweils etwa zehn Minuten vor Pausenbeginn zwischen all den musikalischen Einzeichnungen auch die Anordnung: »Würstchen heiß machen!« Also entzogen wir uns ungeachtet der musikalischen Auftragslage für einige Minuten der Beteiligung am laufenden Geschehen, um im Aufenthaltsraum hinter dem Orchestergraben den Tauchsieder zu Wasser zu lassen und neben dem Publikum nun auch die Pausenwürstel zum Sieden zu bringen. Dieses atmosphärische Gemisch aus hoher Kunst und niederer Gastronomie wirkte sich so belebend auf meine Einstellung zum Beruf des Orchestermusikers aus, dass ich auch deswegen gerne an Aachen zurückdenke – und an sein Publikum, auf das bereits damals meine heute eher anwachsend ranking-feindliche Einschätzung zutraf, wonach für die Zuhörer das beste Orchester der Welt immer dasjenige ist, das gerade vor ihnen sitzt.

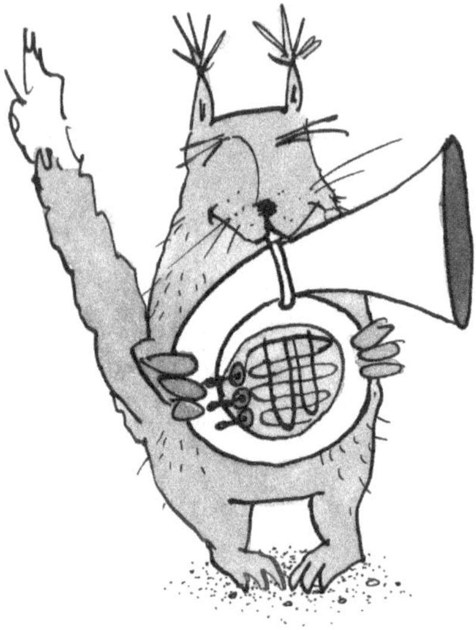

Gern hätte ich an dieser Stelle Tagebucheintragungen eingefügt, in denen sich meine künftige Bedeutung als prägende Musikgestalt des ausgehenden 20. Jahrhunderts ankündigt, als ich aber für dieses Buch meine alten Hefte wieder in die Hand nahm, musste ich feststellen, dass meine Merkbuchnotizen auch in den Tagen nach dem Aachener Würstchensieden über Banalitäten nicht hinauskommen:

»Strümp wg. Zahnstein – Macht des Schicksals – Ölwechsel – Tod und Verklärung – Henning Gelbsucht? – Sizilianische Vesper – zu Trixi – Untreue lohnt nicht – wieder Bratkartoffeln, Tischtennis und Küppers – Rohrbruch, Reissuppe, Kohlen gelegt. Jahreshauptvers. Anglertreff. Rosenkohl und

Rouladen. Hornunt., Abwaschen bei Oma, Kohlen holen, Fernsehen: Es darf gelacht werden. Taktile Setzungen (Smigelski) ??? Pudding mit Bratkartoffeln. Kältewelle in Deutschland. Tabelle zum Boyle-Mariott-Gesetz. DEG besiegt Bad Nauheim. Was ist eine Kapselpumpe überhaupt? – Hornunterricht: die Sechzehntel-Bindungen, nachmittags Zäpfchen und Grießbrei – Tante Emmy mit neuem Gebiss – Kompositionen: Hero und Leander – Weltreise einer Eintagsfliege – *geiles Deckblatt zur Orchesterskizze* Imperium Romanum. *Nach dem Eisangeln: drei Musbrote* – O süßes Nichtstun *für Männerchor – 8 Zentner Briketts und 12 Zentner Eierkohlen in Tante Margots Kohlenkeller – 1,50 die Stunde bei Reichelt, Rotaugen im Strandbad Lörick,* Brahms' Tierleben *im Downtown – kann Anke nicht leiden. – Ferien in Koldy/Ballum, bei Tondern/Jütland: Bauer Jensen am geladenen Weidezaun. Kopprasch oder Maxime-Alphonse? Papa nach Bad Lippspringe. Schöner Name für ein Blechbläserdomizil!«*

*

Das Düsseldorfer Opernhaus betrieb eine Kantine, in der ich einen nennenswerten Teil meiner Jugend zubrachte, obwohl die Altstadt als »längste Theke Europas« nur wenige Gehminuten entfernt war. Sogar meinen Führerschein machte ich beim Bruder des Kantinenwirtes und ließ mir vor den

Theoriestunden bei Altbier vom Fass von allerlei fahrendem Volk aus Carmen *oder den Pilgern aus* Tannhäuser *deren Abenteuer im Kreisverkehr schildern.*

In jener Kantine spielten sich mehr vertonungswürdige Szenen ab, als einem Opernkomponisten je einfallen könnten, und für einen Siebzehnjährigen bot dieses einerseits erlebnisreiche, andererseits tariflich abgesicherte Künstlerleben deutlich mehr Anreiz als der vom Elternhaus gelegentlich beschworene »Ernst des Lebens«. Ich becherte mit Balletttänzern, verknallte mich in Maskenbildnerinnen, grölte mit dem Postillion von Longjumeau um die Wette und kam manchmal erst nach Hause, wenn mein Vater sich auf den Weg ins Büro machte.

*

Zu dieser Zeit war ich schon alt genug fürs Lampenfieber und befasste mich daher auch intensiv – vor allem in der Kantine – mit seiner Bekämpfung. Von der an sich selbstverständlichen Lebensregel, wonach man keinesfalls unter Belastung Alkohol trinken solle, erfuhr ich erst Jahrzehnte später. Hätte ich sie rechtzeitig befolgt, wären mir wahrscheinlich die Zweifel erspart geblieben, die mich mit zunehmendem Dienstalter vor jedem Glas Bier befielen, mit dem ich gewohnheitsmäßig mein

Selbstvertrauen anhob. Im Zusammenhang mit den Veröffentlichungen, die sich schon mit dem Thema Auftrittsangst und Drogen beschäftigt haben, möchte ich einem pädagogischen Impuls folgen und daran erinnern, dass sich jeder Musiker bei der Einnahme von beruhigenden Substanzen auf eine Gratwanderung begibt: eine Wanderung mit schönen Steigungen vor allem auf dem ersten Teil der Wegstrecke, mit leicht abfallenden, aber durchaus genussreichen Senken im mittleren Verlauf … und einem stark abschüssigen Gefälle in einem Zielgebiet, in dem auch schon Abstürze vorgekommen sind.

*

Meine nächste Kantine war die der Deutschen Oper Berlin. Dort wurde dynamischer musiziert und konzentrierter getrunken als in meinem rheinischen Entfaltungsgebiet. Einige Monate lang wohnte ich bei einer Witwe, die das Rasierzeug ihres von der Ostfront nicht heimgekehrten Mannes noch im Badezimmer bereithielt. Berlin war 1968/69 in vielerlei Hinsicht nach wie vor Frontstadt, aber von den legendären Unruhen und dem Geist der 68er bekam ich so gut wie nichts mit, weil ich mit der Bewältigung des üppigen Opernspielplans und spätpubertären Menschwerdungskonflikten ausgelastet war, die ich überwiegend in der Opernkantine und im Wirtshaus Wuppke austrug. Mein erster Dienst war eine von Lorin Maazel geleitete Probe zu Luigi Dallapiccolas gottlob längst vergessener Oper Odysseus. *Danach spülten wir den Unmut über dieses entbehrliche Werk mit »Apotheken« hinunter, einem folgenschweren Gemisch aus Fernet-Branca und Doppelkorn. Den gab es auch in meiner anderen Lieblingskantine, dem Musikerfoyer in der Berliner Philharmonie, wo die Decke von Einschussmarkierungen aus zahllosen explosiven Champagnerentkorkungen gemustert war. Die Philharmoniker hatten damals allen Grund zum Feiern, denn Karajan stand im Zenit ihres Könnens, und die ungezählten Platteneinspielungen jener Jahre ermöglichten es den Musikern eher als heute, die Aufnahmehonorare in ihren Unterbringungskomfort zu stecken.*

WENN TROMPET' UND PFEIF' ERSCHALLEN

Obwohl Kantinen- und Kneipenwirte mit allen Mitteln versuchten, mich in der Stadt zu halten, verließ ich Berlin nach nur einer Spielzeit und wechselte zurück in das Einflussgebiet einer wehrdienstlichen Einberufungskommission, deren wohlwollender Fürsprache ich ein 15-monatiges Engagement beim Heeresmusikkorps 7 in Düsseldorf-Hubbelrath verdanke: »Ohne Tritt, Marsch!«, war mein Lieblingskommando. Es berechtigte noch nicht zum Flanierschritt, aber man durfte seine Streckenführung ausnahmsweise mit dem rechten Fuß eröffnen, wenn einem inmitten der militärischen Formation nach kleinen Freiheiten zumute war. Damit man im Marschiermodus die Trittfolge rechtzeitig wieder justieren konnte, gab es die achttaktige »Locke« vorweg, gepfiffen von den Kleinen Flöten mit den stratosphärischen Frequenzen, bestätigt von Kleiner und Großer Trommel, Letztere im Rheinland »Dicke Zing«

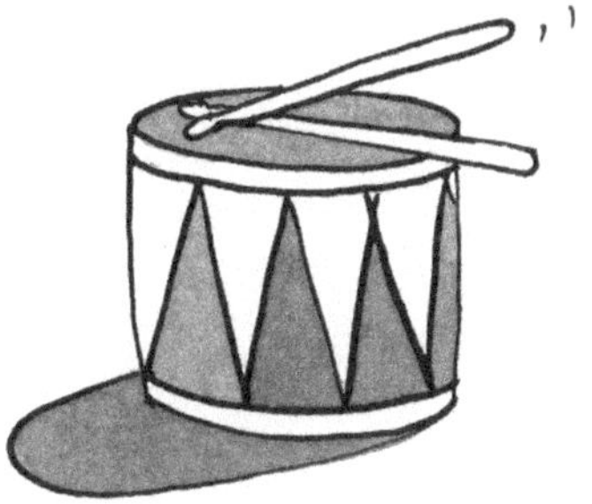

genannt. Wegen ihres rhythmischen Beharrungsvermögens fördert die Dicke Zing die Trittsicherheit in ihrem Beschallungsbereich erheblich. Ihre Impulse dominierten meine Höreindrücke beim Heeresmusikkorps 7 in Düsseldorf-Hubbelrath. Mein Schicksalsgenosse, der Gefreite Thelen, entging diesen Akzenten durch die Verwendung von Ohrenstöpseln, er überhörte dadurch aber auch andere Signale, auf die er als Beckenspieler angewiesen war. So blieb er mir als Urheber einsamer Beckensoli in

Erinnerung, die ich im zivilen Berufsleben erst wieder im langsamen Satz von Bruckners *Achter Sinfonie* in ähnlicher Endgültigkeit erleben sollte.

So, wie der Gefreite Thelen als gelernter Fagottist beim Marscheinsatz mit der Handhabung des auch optisch gut wahrnehmbaren Beckenpaares betraut war, lud man dem Oboisten Segers den weithin sichtbaren Schellenbaum auf, dessen Nutzbarkeit sich – und den Träger – in trophäenhaftem Hochhalten erschöpfte. Oboe und Fagott – im Militärjargon scherzhaft auch »Zimmerflak« genannt – sind in der Marschmusik nicht gefragt, weil sie im Freien niemand hört.

Als wehrdienstverpflichteter Hornist habe ich diese Musiker immer um ihre Sonderstellung beneidet, denn auch ich wäre lieber ersatzweise mit einem Schlag- oder Tretinstrument zum Einsatz gekommen, doch das Horn wird, gleich vierfach besetzt, in den Partituren der Militärkomponisten leider als marschtauglich aufgeführt. Hauptverwendungszweck des Horns in der Marschmusik ist der gefürchtete Nachschlag, ein simpler, synkopischer Rhythmus, der immer zusammen mit der Kleinen Trommel verwendet wird, welcher der Hornist aber je nach instrumentaler Fertigkeit die Veränderbarkeit der Tonhöhe voraus hat. An ihr arbeiten die Hornisten ihr ganzes Leben lang, und wenn sie es endlich geschafft haben, droht wieder ein Marscheinsatz, und die mühsam erarbeiteten Harmoniefolgen verwehen zwischen den von Hunderten rasselnder Panzerketten aufgewirbelten Staubfahnen des Truppenvorbeimarsches.

Mein Oberstleutnant war im zivilen Nachkriegsleben freischaffender Geiger gewesen und hatte nach Gründung der Bundeswehr die Seiten gewechselt. Seine Kommandos hatten eher Empfehlungscharakter, und seine Selbsteinschätzung gründete sich allein auf seinen hohen Dienstrang, den er mit umso mehr Würde und Wirkung vorführte, je weniger untergebene Musiksoldaten in seiner Nähe waren. Für ihn und seine metierfeindliche Bescheidenheit spricht auch, dass es ihm unangenehm war, ein »ritardando« zu befehlen, das er nicht dirigieren konnte. Verstöße gegen kompositorisch vorgegebene Lautstärkeanweisungen konnte er schlecht auf die schiefe Ebene einer Befehlsverweigerung heben, wenn das fehlende Talent einem Untergebenen nun einmal keine leisen Posaunentöne gestattete. Und so herrschte der Musikchef über ein Reich der hörbaren Unvereinbarkeiten und litt bis zuletzt darunter, dass man ihn zum Musizieren eigentlich auch dort nicht brauchte, wo es ihn nach den Entbehrungen seiner zivilen Musikerlaufbahn so unwiderstehlich hingezogen hatte. Man hätte ihm eine Offiziersmesse widmen sollen oder wenigstens ein Misericordia.

Eine wesentliche Gestaltungshilfe im heeresmusikalischen Dienstablauf war damals für mich der Alkohol, durch den ich der lähmenden Monotonie und dem unausfüllbaren Leerlauf unseres Stundenplans entgegenwirkte. Da fünfzehn Monate lang angesichts der trostlosen Anspruchslosigkeit unserer Notenvorlagen künstlerische Höhepunkte oder interpretatorische Herausforderungen nicht zu erwarten waren, lag die Beschäftigung mit Geistigem so nahe wie der nächste Ausschank, der den Zentralschnaps meiner Wehrdienstzeit anbot, den »Sauren Fritz«. Der »Saure Fritz« erhöht zwar zunächst die Spielbegeisterung, beeinträchtigt aber die bei Vorbeimärschen oder Paraden wichtige Gehmotorik wie auch die choreografische Feinabstimmung bei Ehrenbezeugungen. Solcherlei augenfällige Einbußen im Erscheinungsbild konnten trotz gesteigertem Unterhaltungswert auf Kommandoebene nicht hingenommen werden, und so war man allgemein erleichtert, als ich vom Orchester der Deutschen Oper am Rhein in Duisburg angefragt wurde, für den Rest meiner Bundeswehrzeit dort als Solohornist einzuspringen. Die Genehmigung hierzu wird dem Oberstleutnant nicht behagt haben, und ich hatte ihm gegenüber immerhin für die Einhaltung der wichtigsten heeresmusikdienstlichen Termine geradezustehen. So kam es, dass ich auf meinen nunmehr zwei Dienstplänen vormittags einen *Panzervorbeimarsch* in Augustdorf und abends in Duisburg die Oper *Così fan tutte* einzutragen hatte, die ich ja schon von meinen nebendienstlichen Trommelwirbeln auf der Hinterbühne her kannte. Immerhin stiftete das Libretto eine liebevolle Verbindung zwischen meinen beiden Seinsweisen.

Chor:
»O, wie schön, Soldat zu sein!
Ein Soldat hat nie zu sorgen,
darbt er heute, schwelgt er morgen,
bald zu Land, bald auf der See!
Wenn Trompet' und Pfeife schallen,
wenn die Donnerbüchsen knallen,
kämpft er froh für Ehr' und Vaterland,
an den Sieg denkt er allein.
O, wie schön, Soldat zu sein!«
(*Cosi fan tutte*, 1. Akt, 5. Auftritt, Nr. 8)

Man kann allerdings nicht behaupten, dass die Gesänge, die 200 Jahre später in meiner Kompanie intoniert wurden, an Tiefsinn oder literarischem Ausdruck sonderlich dazugewonnen hätten:

»Hörner, Zimbeln und Tschinellen
Trommelschlag und Helikon
in den Militärkapellen
waltet ein besond'rer Ton. …«

wozu eine Selbsterklärung meines Arbeitgebers passt, die mir auch mehrere Jahrzehnte nach meinem Abschied aus dem Wehrdienst nicht aus dem Kopf will: »Die deutsche Militärmusik ist klingender Ausdruck des Selbstverständnisses der Streitkräfte und gleichzeitig positiver Werbefaktor.«

Anders als seine deutschen Kollegen kennt der österreichische Musiker das Becken nur als einen Teil der Anatomie. Die diesbezüglichen Instrumente (siehe oben) heißen bei unseren Nachbarn »Tschinellen« und stammen aus der Zeit, als die türkischen Invasionsheere auch Musikinstrumente mitbrachten, deren Klänge die osmanischen Elitesoldaten zu alles vernichtendem Kampfesmut anspornten. Diese Soldaten hießen Janitscharen, folglich sind in der einschlägigen Literatur eine Anzahl von Janitscharen-Musiken belegt, deren Instrumentarium auch seinen Weg in das Heeresmusikkorps 7 fand. Nicht übernommen hat man in den Dienstplan der Bundeswehr eine strategische Variante, die im Belagerungsfall vorsah, die eingeschlossenen gegnerischen Stadtbewohner Tag und Nacht durch Musikeinwirkung zu demoralisieren. Während des Angriffs ritten die Musikanten auf vermutlich längst ertaubten Kamelen vor der Truppe her und hörten erst dann auf zu spielen, wenn sich der Gegner ergab oder wenn eine drohende Niederlage den Abbruch der Kampfhandlungen erforderte.

Letztlich ist von diesem Manöver nur die Anordnung der Pauken im Sinfonieorchester geblieben. Wie früher, als sie noch an Tragetieren befestigt waren, findet man die tieferen (also größeren) Instrumente rechts vom Solisten, weil der berittene Paukist von links aufzusteigen hatte, wo praktischerweise das kleinere Klanggerät ruhte. Nicht alle Paukisten kennen diese delikaten historischen Zusammenhänge, und die wenigsten wundern sich, warum sie für hohe Töne nach links statt nach rechts langen müssen, wie es der Anordnung der Klaviertastatur entspräche, doch mit den Folgen der Janitscharen-Musik müssen sie sich dennoch herumschlagen, denn alle großen klassischen Komponisten fanden orientalische Elemente reizvoll genug, um sie in ihren Werken unterzubringen. Mozart haben wir schon erwähnt, auch Beethoven liebte seine »türkischen Märsche«, und ganz besonders trat ihr Zeitgenosse und Kasseler Ehrenbürger Louis Spohr als Verfasser von Janitscharen-Musiken hervor.

Den Namen von Louis Spohr erwähne ich hier, um auf die zweifelnde Frage hinzuweisen, ob die Janitscharen wirklich segensreich auf die Entwicklung der Musikgeschichte wirkten, zum anderen, weil Spohrs Namensvetter Friedrich, mit dem er nicht einmal verwandt war, einen zackigen Marsch vorlegte, den *Gruß an Kiel*. Man tut diesem Werk sicherlich kein musikalisches Unrecht, wenn man mit tiefer Verbeugung vor Ernst Jandl die (im Übrigen anspruchslose) Waldhornpartie in ihrer phonetischen Struktur niederschreibt. Das sähe dann so aus:

Gruß an Kiel, 1. Horn in Es, 2/2-Takt = 120 = Tempo di Marcia

Um-ta, Um-ta
Um-ta-ke-ta-ta-,
Um-ta, Um-ta

Um-ta-ke-ta-ta-,
Um-ta-ke-ta-ta-,

Um-ta, Um-ta
Um-ta-ke-ta-ta-,
WUM – ta – keta
UMPF ....

(An dieser Stelle möchte ich vorgreifend auf die kleine Studie hinweisen, die in Teil 3 auf Seite 159 f. den Namen des russischen Komponisten Alexander Goedicke und seinen Einfluss auf die Anwendung der unter Blechbläsern unverzichtbaren Doppelzungentechnik anschaulich beleuchtet.)

Die Trinksitten in den Heeresmusikkorps haben sich natürlich längst gewandelt, und nicht jeden Tag ist Schützenfest. Doch während der Wehrdienstzeit verwandelten sich meine bis dahin von einer gewissen Lebenslust durchspülten Zechgelage in bedenklich routinemäßige Einschüttungen, auch wenn sie mir einen festen Platz in den Herzen des Schankpersonals fast aller Kasinos im Wehrbereich 7 und einiger nordrhein-westfälischer Opernkantinen wie der Düsseldorfer eintrugen, wo ich in einer einzigen rauschhaften Novembernacht die gesetzliche Volljährigkeit erreichte und mich nun nicht mehr dem Warnhinweis unterwerfen musste, der sich noch heute in allen Gaststätten gut sichtbar, aber in milbenkleiner Druckschrift dem Ausschank von alkoholischen Getränken an Minderjährige widmet.

DIE INVASION DER KÜCHENSCHABEN

In der französischsprachigen Schweiz heißen die Kantinen Buvettes. Sie dienen dem gleichen Zweck wie alle anderen Kantinen auch, aber die Mehrzahl aller Bestellungen ist mit Nasallauten durchwirkt: un verre de Blanc, un Chateaubriand de Grandson, un ballon de Fendant. Während meiner Saison als Solohornist beim Orchestre de la Suisse Romande waren die Buvettes Ausschank, Beichtstuhl und unentbehrliches Sprachlabor in einem. Meine Französischkenntnisse boten nämlich durchaus »room for improvement« – wie uns der Dirigent Bernard Haitink einmal nach einer leicht missglückten Trillerparade in der Probe zurief – und daher konnte ich auch mit dem Begriff »pendant le débarquement« nichts anfangen, den mein Kollege und Zechgenosse Michel, Solofagottist aus Le Havre, zur Zeitbestimmung in einer seiner kleinen Kantinengeschichtchen verwandt hatte. Nachdem er mir also die Landung der Alliierten im Juni 1944 in verständlicheren Worten erklärt hatte, rief ich erfreut: »Ah oui, l'invasion!« Da brach Michel in ein geradezu atlantisches Gelächter aus, und seitdem weiß ich, dass die Franzosen diese Landung keineswegs als Invasion empfanden. Wir tranken aus und zogen weiter, denn die eigentliche Kantine des Orchesters war ein Eckrestaurant, in dem allabendlich große Scharen sogenannter Cafards (Küchenschaben) die zur Dekoration aushängenden historischen Küchengeräte umrundeten. Auf meine Beschwerde hin meinte der Kellner: »Da sollten Sie mal morgens kommen!«

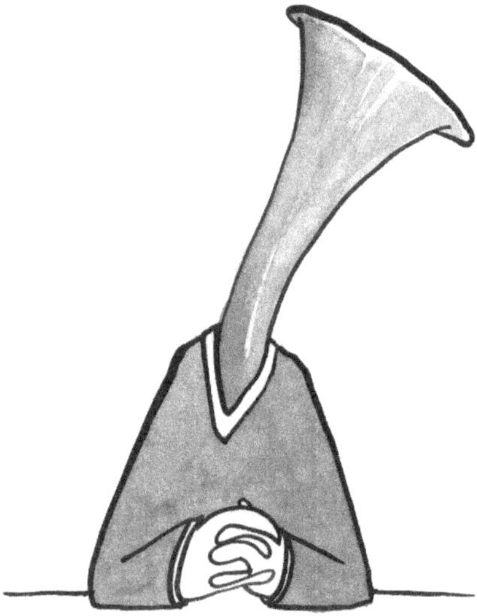

BAYERISCHE HÖHENFLÜGE

Die nächste Kantine – die der Bayerischen Staatstheater München – besticht noch heute durch eine hohe Anekdotendichte und versorgte sowohl die Beschäftigten der Staatsoper als auch die Staatliche Schauspielbelegschaft aus dem Residenztheater mit leistungsfördernden Viktualien, sodass hier bisweilen die Mitwirkenden aus *Schwanensee* und *Wallensteins Lager* in derselben Warteschlange *(Serpens Exspectantium)* standen, kleine gefiederte Schwänchen neben großen bärtigen Hellebardenträgern also, und dazwischen wir Musiker im Frack. Schade, dass es damals die Smartphones noch nicht gab; die Szene: »Carlos Kleiber im weinbeschwingten Gespräch mit Otto Schenk und Gundula Janowitz« hätte ich sehr gerne in meiner Mediathek verewigt.

ZWANGVOLLE PLAGE, MÜH' OHNE ZWECK

In die sieben Münchner Opernjahre zwischen 1973 und 1980, die im Rückblick an Kostbarkeit noch immer hinzugewinnen, fällt auch mein nur fünftägiges Gastspiel als Solohornist im Orchester der Bayreuther Festspiele im Sommer 1976, das trotz schmeichelhafter Einstiegsbedingungen unter keinem allzu günstigen Stern stand. Ich war kurzfristig von dem – manchmal auch sich selbst – überwältigenden Solohornisten Gerd Seifert als Einspringer für einen erkrankten Kollegen bestellt worden und fühlte mich dadurch in den Kreis der maßgeblichen Zunftgenossen zumindest als Kandidat aufgenommen, obwohl ich nicht das in Bayreuther Hornistenkreisen übliche Auswahlverfahren durchlaufen hatte.

Für fast jeden Hornspieler im Erdenrund dürfte eine Einladung nach Bayreuth schon vor der ersten Probe einem Ritterschlag gleichkommen, wobei die Bestätigung dieser Würde natürlich erst durch die Erneuerung der Einladung für die Folgejahre wirksam wird. Nur einen einzigen Festspielsommer lang in Bayreuth gespielt zu haben, ist fast peinlicher, als gleich daheimzubleiben.

Wagners Musik dürfte für die meisten Hornisten eine Erfüllung sein. Seine Hornpartien sind so anspruchsvoll wie dankbar, weil sie zwar an die Grenzen hornistischer Möglichkeiten gehen, aber niemals darüber hinaus. Die Hörner unterstreichen zarteste seelische Verwerfungen der Bühnenfiguren, geben dem gewitzten Mime die nötige Angriffslust, blasen den sinnsuchenden Siegfried hinauf in heldenhaft leuchtende Höh'n, trösten den trauernden Tristan mit vierstimmiger Herzwärme (denn die Hörner sind meist vier- oder achtfach besetzt), verleihen einer Rheinfahrt kraftvolles Getöse, ermutigen die garstigen Gibichungen mit mächtigen Akkordfolgen ... O schwärmender Schwall schillernder Schönheit – – – na ja, nicht jeder mag die Musik, von den Texten nicht zu reden, aber ich kann und mag meine heil'gen Schauer nicht verschweigen, die Gänsehäute und Ergriffenheitsattacken, die mich als Mitwirkender und Zuhörer bei Wagnermusik schon durchrieselt haben. Bei der Erkennungsszene aus *Elektra*, Mahlers Neunter oder *One for my Baby* mit

Frank Sinatra geht es mir allerdings genauso. Man möchte diese ungewohnten Regungen als skeptischer Charakter am liebsten unterdrücken wie die peinlichen Tränen am Ende eines Heimatfilms, aber das Gemüt arbeitet doch oft stärker gegen den Verstand als erwartet.

In meinem persönlichen Gänsehaut-Ranking nehmen Stellen aus Wagners Werken obere Plätze ein, und wenn mir mal wieder danach zumute ist, schlage ich die entsprechenden Orchesterstudien auf (das sind Hefte, in denen die prominentesten Hornstellen in komprimierter Form versammelt sind) und blase los, vor dem inneren Ohr die brausende Orchesterbegleitung, auch die Gesangsstimmen denke ich mir hinzu: »Nacht der Vernichtung, neble herein! Mir strahlt zur Stunde Siegfrieds Stern; er ist mir ewig, ist mir immer, Erb' und Eigen, ein' und all': leuchtende Liebe, lachender Tod!« – aber anstatt wie Woody Allen in Polen einmarschieren zu wollen, pilgere ich lieber vom Grünen Hügel hinüber zur Rollwenzelei und leere einen Riesenhumpen »Maisels Edeltrüb« auf Jean Paul, der ein Menschenalter vor Wagner hier in aller Bescheidenheit und Stille ein dichterisches Vermächtnis anlegte, zu dessen Instrumentierung ihm ein Füllhorn genügte.

Der Doppelbelastung als Solohornist gleich zweier hochrangiger Festspielorchester glaubte ich mich in jenem Sommer gewachsen, musste aber meinem Münchner Opernchef Wolfgang Sawallisch vor

Beginn der Münchner Opernfestspiele hoch und heilig versprechen, während der strapaziösen Wochen meines Pendelverkehrs zwischen München und Bayreuth nicht zu erkranken. Der Wortbruch, dem die folgende Episode ihre Niederschrift verdankt, erschließt sich aus »der seit Jahrhunderten unergründeten Anfälligkeit der menschlichen Mundschleimhäute gegenüber Attacken aus dem wahrscheinlich psychosomatisch unterwanderten Aufmarschgebiet lippenkraftzersetzender Mikroorganismen« – um es mit den Worten eines namhaften Gautinger Dermatologen auszudrücken, denn …

LABIALVORFALL

… am verletzlichsten ist der Hornist im Labialbereich. Auch mikroskopisch nicht wahrnehmbare Veränderungen der Lippenspannung können zum völligen Ausfall der für den Beruf unerlässlichen Spielgeschmeidigkeit führen. In Fachkreisen – auch unter Kritikern – spricht man dann von »schlechtem Ansatz«. »Die Lippen der Säugetiere«, schreibt ein älteres medizinisches Lehrbuch, »dienen häufig als Tastorgane und sind daher mit Nerven reichlich ausgestattet.«

Hier, auf der flaschenrandgroßen Oberfläche rosigen, druckanfälligen Lippenfleisches, haben die millimeterbreiten, gewölbten Ränder meines zur Sepsishemmung vergoldeten Mundstückes mit der

4,5-mm-Bohrung in Tausenden Musizierstunden Wegmarkierungen der Belastungsgrenzen hinterlassen, vernarbte Brennzeichen meines Interpretenprofils. Alle werkseitigen Empfindungssignale müssen diese speichelfeuchte Nahtstelle passieren. Getragen vom meist ruhig dahinfließenden Luftstrom werden die Ausdrucksinhalte meiner Notenvorlagen hier entlang geleitet und durch den Rachenraum, an den Vorderzähnen vorbei, ins Innere des Instrumentes geatmet, werden dort auf vorgeschriebener Tonhöhe in Resonanz und Klangvolumen umgewandelt, um beim Schallschlund samtig und obertonreich wieder auszutreten, sich als mein unverwechselbarer Hornton in den Zusammenhang eines Meisterwerkes einzupassen und dermaßen überzeugend hervorzutreten, dass auch die Fachwelt aufhorchen und den jungen Meisterbläser einmal im Bayreuther Festspielorchester erleben möchte, der Werk- und Walstatt wagnerwilliger Wanderbläser. Also erweiterte ich im Sommer 1976 meinen oberbayerischen Wirkungsradius um die fränkische Auftrittskomponente, belud meinen 2 CV mit allerlei hornistischen Überlebensrequisiten – darunter mehrere Tiegel mit »Böthels Lippenkraft« und »Böthels Ansatzcrème« – und trat die Reise an, deren Fahrtgeräusche ich zur Optimierung meiner Spiellaune mit stereofonen Auszügen aus dem *Ring des Nibelungen* unterlegte.

»Eine Waldweise, wie ich sie kann«, dröhnte es durchs Altmühlthal. »Vermählen wollte der Magen Sippe der Mann ohne Minne die Maid«, schallte es über den Tankbereich der Raststätte Köschinger Forst zum Befremden der textlich ungeschulten Fernfahrer, und die im Nachhinein so wirkungsträchtige Passage »Zwangvolle Plage, Müh' ohne Zweck« erreichte ich etwa auf der Höhe von Hersbruck. Statt aber diesem Fingerzeig des Textbuches zu folgen, tauchte ich meine vom vorabendlichen Münchner *Rosenkavalier* noch geschwollene Oberlippe in einen Reisehumpen Hefeweizen, dessen Zufuhr ja auch Nichthornisten in jene unübertreffliche Gemütslage zwischen Kampfbereitschaft und Duldertum zu spülen vermag, und fuhr hochgestimmt zum Grünen Hügel meiner sommerlichen Prüfungen.

Schon am nächsten Morgen erwies sich das Bollwerk meiner Lippenmuskulatur als einnehmbar. Es war kurz nach zehn im Restaurant, dem Bayreuther Probenlokal; silbrig ließ Père Boulez Siegfrieds Waldvöglein quinquillieren, der Drache Fafner röhrte rachentief innig sein verächtliches »Pruh!« (auf Wunsch Chéreaus damals: »Proux!«), und Mime, der kleine Herr über die große Esse, zwang den Jungs aus Nibelheim und ihren Ambossen das Letzte ab. Auch ich wollte dieses Letzte geben, war ja eigens hierher an den Brennpunkt praktizierten Wagnertums gereist, gleich würde mein großes Solo kommen, leidmotivisch geprägt wie jede Äußerung hier, aber – »Weh, o grundtiefes Weh!« – mein Ansatz löste sich an der wirkungssichersten Stelle des geplanten Melodiebogens aus seiner labialen Verankerung, stürzte gurgelnd und kicksend von der Höhe seines Anspruchs herab, sämtliche gestalterischen Anläufe mit sich reißend, die nun nicht mehr über röchelnde Entladungen hinauskamen; mein legendäres hohes H, auf das ich bislang noch immer zurückgreifen konnte, verließ als fehlgeschlagenes G den Schallbecher, Kollegenstimmen trällerten, verzerrtes Echo meines Scheiterns, im Chor die Passage, die ich hätte spielen sollen, durch den Saal, und hinterm nutzlosen Mundstück saß ich im Klangschatten meiner spärlichen Überreste »Zertrümmert, zerknickt, der Traurigen traurigster Knecht!« (*Rheingold*, 4. Szene).

»Fokale Dystonie« würde der Psychologe heute diese Form des Lippenversagens vielleicht nennen. Damals dachte ich: bloß nicht drüber nachdenken und schnell weg hier. Ich war in den »Jahrhundert-Ring« gestiegen und seinen Belastungen erlegen. Das war die bittere Erkenntnis, die ich nach Probenende einem heilsamen Spaziergang abgewann, auf dem mir die Stimme meines inneren Waldvögleins trostreich zwitschernd zur umgehenden Heimreise riet.

Die Mitbewohner unserer Musikanten-WG vor den Toren Münchens wirkten froh über meine vorzeitige Rückkehr. Helga wollte mir in diesem Sinne sogar ein Küsschen geben. »Vorsicht!«, warnte ich. »Dicke Lippe.« »Na dann erst recht!«, versprach sie und hielt Wort.

Zwei Wochen nach diesem Genesungsbussi konnte ich schon wieder ein gesundes zweigestrichenes F im Mezzoforte-Bereich anblasen, hatte sich das fiaskohafte Gefälle zwischen beabsichtigten und tatsächlich erzielten Horntönen in einem Umfang begradigt, der mein Verbleiben zumindest in der Münchner Opernszene absicherte und alle verzweifelt anberaumten therapeutischen Termine überflüssig machte.

Dreißig Jahre nach diesem kleinen Labialvorfall las ich in einem *Spiegel*-Interview vom August 2006, dass Pierre Boulez aus meinem Lippenwiderstand von einst tatsächlich eine gewisse Bedrohung herausgehört hatte. »Ich habe das erste der fünf Bayreuther Ring-Jahre als schwierig in Erinnerung – es war beängstigend: Wir mussten Teile des Orchesters auswechseln. Ich habe diese Form des Widerstandes seither Gott sei Dank nicht mehr erlebt.« Ich auch nicht, Gott sei Dank. Aber der dicken Lippe gebührt in der Partitur hornistischer Verletzlichkeiten weit mehr als eine Fußnote.

SYLPHONAMIDEN

Sie erholte sich innerhalb zweier Sommerwochen wieder restlos, aber noch zehn Jahre nach diesem kleinen Fiasko begegnete ich hin und wieder Kollegen, die mich mit einem vorgeblich besorgten Blick auf meine Mundpartie fragten, ob denn die Lippe wieder in Ordnung sei. Die fiese Frage war tatsächlich halbwegs berechtigt, denn bei Durchsicht meiner Papiere stieß ich kürzlich auf eine kleine Begebenheit, mit deren Niederschrift ich offenbar einen weiteren Rückschlag hatte aufarbeiten wollen:

Die Komponisten Jean-Madeleine Schneitzhöffer und Roy Douglas sind einander nur in meinem Notenschrank begegnet. Beide haben sich im Abstand von rund hundert Jahren schöpferisch mit den *Sylphiden* auseinandergesetzt, die auch außerhalb von Opernkantinen gern mit den *Sylphonamiden* verwechselt werden. Diese Begriffe bezeichnen schwebende Organismen ohne festen Tonsitz und ohne Einfluss auf das abendländische Musikleben. Sie dienten dem aus Toulouse gebürtigen Schneitzhöffer als Titelgestalten einer abendfüllenden Ballett-Pantomime, Roy Douglas aus Tunbridge Wells bündelte in ihrem Namen berühmte Klavierstücke Frédéric Chopins zu einem tanzbaren Bühnenporträt. Die Suite von Chopin/Douglas ist mir aus meiner einzigen Spielzeit an der Deutschen Oper Berlin in Erinnerung, wo wir dem hoch angesehenen Corps de Ballet neben Kassenhauern wie *Dornröschen*, *Schwanensee* oder *Giselle* auch Vertretbares von Minkus oder Panufnik zu Füßen legten. Schneitzhöffer gehörte damals nicht zu den Komponisten, zu deren Klängen Margot Fonteyn und ihr russischer Schrittmacher Rudolf Nurejew 1968 über die Charlottenburger Bühne bretterten. Aber die Ballettdirektion der Bayerischen Staatsoper München erwärmte sich rund zehn Jahre später für die Erfolg versprechende Verwertbarkeit seiner trittsicheren Choreografien, indem sie einen seiner steilsten Pas de deux ins Programm eines Galaabends aufnahm. Die einzige Orchester-Bühnen-Probe zu dieser Aufführung fand nach durchgebecherter Mitsommernacht an einem freundlichen Julimorgen statt, den ich wegen seines bedrohlichen Verlaufes im Gedächtnis behalten habe. Als Folge allzu halbherziger Weckrufe kam ich nicht mehr dazu, meinen Kater mit einem konsolidierenden Frühbier zu besänftigen, hatte Mühe mit meinem nur zögernd startenden 2 CV und erreichte den Opernparkplatz so knapp, dass ich meine ersten Horntöne in unüberhörbarer Atemlosigkeit spielen musste. Außerdem fiel mir nun unter taktweise anwachsenden Panikattacken auf, dass es sich bei der überraschend vielseitigen Notenvorlage leider nicht um den leichten, mir aus Berlin bekannten Chopin-Strauss handelte, den ich mit lockerer Lippe überreicht hätte, sondern um eine zeitraubende Elegie aus der Kategorie »Mutter der Hornsoli«, die mir nach Umfang und Schwierigkeitsgrad wie die ungesicherte Besteigung des Matterhorns erschien. Noch heute denke ich mit Grausen an meine Bemühungen um ein kontrolliertes Lippenvibrato, die während jener Ballettprobe jedes Espenwäldchen in den Schatten stellten.

Mein Freund Franz, der am anderen Ende des Orchestergrabens an der Bassposaune Dienst tat, behauptete, ihm sei »praktisch nichts aufgefallen«. Aber wie ich ihn kenne, hätte er das damals in Bayreuth auch beteuert. Im Glashaus wird nicht gemeckert.

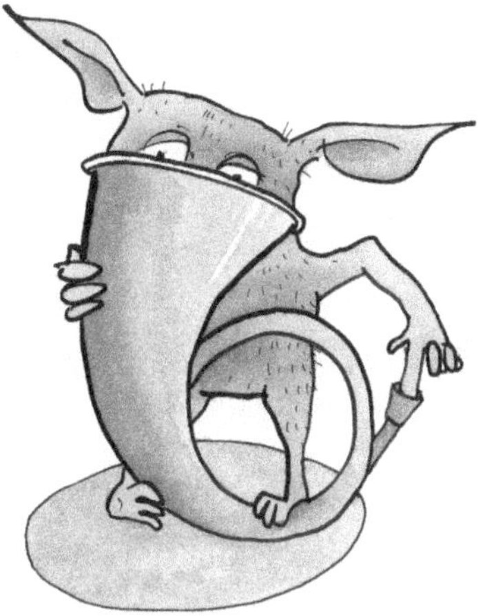

KREMLGLOCKEN

Im kleinen Kreise einander wohlgesinnter Instrumentalpartner musiziert es sich – zumindest in den Proben – ungleich gelöster als im Orchesterverband, wo man sich zu keiner Zeit eine Blöße geben sollte. Daher betrachtete und genoss ich meine jahrzehntelange Mitwirkung im Consortium Classicum auch als Abwechslung vom orchestralen Hochleistungscodex und als Entspannung beim kammermusikalischen Austausch mit Virtuosen, die dem Gründer und Leiter des Ensembles, Dieter Klöcker, in einer Mischung aus Verehrung und Anhänglichkeit ergeben waren, solange man sie hin und wieder in ein Flugzeug setzte und um die Welt schickte.

Als ich 1974 für einen ausgeschiedenen Hornisten einsprang und nach einer Reihe von Konzerten ins Consortium Classicum aufgenommen wurde, war es eines der führenden deutschen Kammermusikensembles und vor allem berühmt für sein außergewöhnliches Repertoire aus Fundstücken, die Klöcker, der Heinrich Schliemann der Notenfunde, in jahrzehntelanger Forscherarbeit aus abgelegenen oder unzugänglichen Bibliotheken in aller Welt zusammengetragen hatte. Die angebotene Programm-Mischung aus bewährten, aber auch solchen Bläserwerken, deren Noten sichtlich der Verschollenheit entrissen waren, hatten auch das Interesse sowjetischer Veranstalter geweckt.

Konzertreisen in die Sowjetunion der Siebzigerjahre wurden in aller Regel von der staatlichen Agentur *Goskonzert* organisiert. Unsere Kammermusiktournee mit den Bläsern des Consortium Classicum begann im März 1978 und führte uns über die unvermeidliche Drehscheibe Moskau zunächst ins damals sowjetische Lwow, das heute ukrainische Lwiw in der Westukraine, das im österreichischen Vielvölkerstaat zum Königreich Galizien gehört und Lemberg geheißen hatte.

Dort verteilte ich gleich nach dem Konzert die als westliche Tourneemitbringsel eingepackten fabrikneuen Jeans unter den Teilnehmern eines nächtlichen Musikantengelages, das noch Tage in meinen organischen Hohlräumen nachhallte und mit Zitaten wie *All you need is Lwow* meine ramponierte Erinnerung an die galizische Katerlandschaft markierte, die wir am nächsten, dem zweiten Tourneetag, in den historischen Wagenspuren gottlob missglückter Armeevorstöße in Richtung Osten durchquerten.

Auf der fünfzehn Stunden dauernden Busfahrt von Lwow nach Minsk, Resultat einer missverstandenen Flugbuchung, erhielt unser aus nebenberuflichen Kammermusikern und privaten Ohrenzeugen gemischtes Grüppchen Gelegenheit zum gegenseitigen Abbau von Themenüberschüssen. Vom späten Nachmittag an mussten wir unter Aufbietung aller verfügbaren gestalterischen Talente den Busfahrer durch ein kontinuierliches Unterhaltungsprogramm daran hindern, seiner schon bei der Abfahrt unübersehbaren Müdigkeit Gelegenheit zu weiterer Entfaltung zu bieten. Über das robuste Bordmikrofon sangen wir vom *Wacht-Auf*-Chor über *Bolle reiste jüngst zu Pfingsten* bis hin zu *Denn Er hat Seinen Engeln befohlen* alles, was dem Chauffeur durch die Kurven half, und hinterließen vokale Buß- und Busspuren in der Tundra, die in der russischen Märzsonne, zusätzlich erwärmt durch unser Liedgut, allmählich auftaute.

In Minsk befreiten wir den Fahrer aus seiner Lenkerstarre, wuchteten ihn ins Bett, trafen dann an der Hotelbar auf einen weißrussischen Oboisten, der sein vollendetes Südstaaten-Englisch der jahrelangen intensiven Beschäftigung mit dem auf Musikkassetten verewigten Sprachkurs »Amarillo for Foreigners« verdankte, und stillten unseren Bläserdurst mit ukrainischem Cinzano und bayerischem Kräuterlikör, einer klebrigen Mischung, die unvergessliche Gedächtnislücken hinterlässt.

Die nun folgenden zwei Konzerte auf litauischem Boden litten ein wenig unter den Folgen merkwürdiger Pannen. So versagte unserem Leiter und ersten Klarinettisten während der Aufführung einer Bläserserenade von Joseph Haydn das für die Tonerzeugung unentbehrliche Rohrblatt kurz vor dem zweiten Thema in B-Dur so sang- und klanglos, dass der schockierte Solist dem gleichfalls tonlosen Publikum statt der geplanten Melodie einen überstürzten Aufbruch in Richtung Künstlergarderobe vorführte und dem Abend über die musikalische Botschaft hinaus das Gepräge des Einmaligen verschaffte.

Im Verlaufe einer Auffrischungsprobe zu Mozarts *c-moll-Serenade* gab ich den Kollegen im Probenraum der Philharmonie zu Vilnius am nächsten Tag meine erst wenige Stunden alten Heiratspläne bekannt.

Dies befeuerte vorübergehend die Probenarbeit und sorgte für Gesprächsstoff nicht nur während der Pausen. Einige unserer Ensemblemitglieder hatten schon Trennungserfahrungen gemacht, daher stieß mein Bindungsvorhaben auf warmes, ungeheucheltes Interesse.

Die Dame, um die es ging, war meinem Oboe spielenden Kollegen G. schon von früheren Tourneen her als ausreisefreudig bekannt. Als Verheirateter kam er selbst aber nicht für diese inzwischen wohl recht dringliche Option infrage und suchte nun diskret nach Ersatz. Nachdem ich ihm auf einer nächtlichen Bahnfahrt meine Bindungsbereitschaft bekräftigt hatte, arrangierte er eine Begegnung zwischen mir und meiner Zukünftigen. Der erste Eindruck war denkbar günstig. Im Café saß mir eine hochgewachsene Schönheit mit sympathischen Gesichtszügen gegenüber, in denen sich wache Augen und eine finnisch-ugrische Wangenstruktur gegen die optische Dominanz einer Strickmütze zeitlosen Designs durchsetzten. Der aparte Klang ihres nach Landessitte gebeugten Familiennamens entflammte mich zusätzlich, daher willigte ich in die Ehestiftung ein und lernte in den folgenden Tagen sowohl die zum Teil schon eingeweihte Familie als auch einige litauische Behördenvertreter kennen, die uns aus historischer Opposition gegen das damalige Regime einen Großteil der Hürden aus dem Weg räumten, die eine systemübergreifende Eheschließung damals mit sich brachte.

Auf der durch einen heftigen Schneesturm verlangsamten Busfahrt zum zweiten litauischen Konzert – in der nach Vilnius zweitgrößten Stadt Kaunas (Kowno) – stellte ich nach einem routinemäßigen Kontrollblick fest, dass mein Instrument fehlte. Ich hatte es offenbar im Hotelzimmer vergessen. Mithilfe der Übersetzerin Galina und einer durch ihren Charme in Gang gesetzten Hilfskette privater Taxitransporte gelangten wir zurück nach Vilnius und mit nur einer Stunde Verspätung wieder zum vorgesehenen Spielort, wo allerdings tags zuvor das Konzertgebäude eingestürzt war, sodass unser Ensemble nun in einer von mehreren, auch akustisch benachbarten Turnhallen musizieren musste. Die Rahmenbedingungen standen dadurch unter demselben kuriosen Unstern wie die Aufführung selbst: Wir spielten wie so oft Franz Anton Hoffmeisters *Echo-Partita* in Es-Dur – ein heiteres Werklein für sechs Blasinstrumente, das von dem etwas spektakulären, aber höchst unterhaltsamen Konzept eines auskomponierten Echos getragen wird, zu dessen Verwirklichung sich drei sichtbare Musiker auf dem Konzertpodium und drei unsichtbare an einem echogerechten Ort im Hintergrund zu platzieren haben. Von den zahlreichen anekdotenreifen Fällen, in denen wir, die Echo-Spieler, durch personelle Übergriffe von Aufsichtskräften oder bühnentechnische Fehlabsprachen am Musizieren gehindert wurden, ist mir die Kaunas-Episode mit am eindringlichsten in Erinnerung: Waldemar (Klarinette), Eberhard (Fagott) und ich (Horn) standen uns wie eine verschwörerische Skatrunde in einer Art Einzelzelle von der Größe einer Duschkabine gegenüber, die sich später als Hauptpersonalschleuse des gesamten Gebäudekomplexes erwies. Wir blockierten dadurch während der Aufführung einen Hauptknotenpunkt, und so war es kein Wunder, dass inmitten des beseelten »Adagio ma non troppo« ein ahnungsloser Bühnenarbeiter die Tür zu öffnen versuchte, hinter der Waldemar auf seiner Klarinette blies. Der überraschte Eindringling verstärkte nun – zunächst wortlos – den Druck auf diese Tür und zwang Waldemar eine flamingoartige Musizierhaltung auf, aus der heraus er mit dem einem Bein die immer wieder ruckartig aufsprengende Tür zurückstemmen und mit dem anderen das Beharrungsvermögen absichern musste, das er zur notengetreuen Beantwortung der vom Kollegen auf dem Podium vorgegebenen Melodien benötigte. Leider ging dem selbst einbeinig noch bewundernswert gelassen wirkenden Waldemar durch die instabile Standposition von Ton zu Ton mehr von der Würde verloren, die ihn auch sonst auszeichnete und die wir zur Aufrechterhaltung unserer Spielmoral dringend hätten brauchen können. Angesichts der rasanten Entwicklung der Dinge entluden sich aber nun unsere angestauten Luftvorräte in einem alles pulverisierenden Gelächter, dem auch die vom Komponisten beabsichtigte Echowirkung zum Opfer fiel, und vor unseren tränenverkrusteten Augen standen sich als Höhepunkt dieser Szene der inzwischen eingetretene, ratlos, doch nicht unfreundlich blickende Arbeiter und sein taktischer Widersacher Waldemar gegenüber, der noch immer unbeirrt die Tonfolgen wiederholte, die ihm von der Bühne her zu Ohren kamen.

Wie diese niedliche Havarie vom Veranstalter aufgenommen wurde und wie sie sich auf die Berichterstattung der Lokalpresse von Kaunas auswirkte, wollte uns unsere Tourneebegleiterin nicht mitteilen. Der Vorfall verlieh aber den verbleibenden abendlichen Gesprächsrunden in Leningrad und Moskau den heiteren Grundcharakter, der mir die Fortsetzung meiner Eheanbahnung erleichterte. Auch von der Deutschen Botschaft in Moskau erhielt ich jede denkbare Unterstützung, nachdem ich meine damalige Zukünftige dank ihres westlichen Auftretens und im Glanz ihres eleganten Münchener Lammfellmantels ungehindert an den sowjetischen Wachen vorbei in die bundesdeutschen Amtsräume eskortiert hatte. Dass ihr Flug von Vilnius nach Moskau an jenem winterlichen Gründonnerstag wegen Schneetreibens nach Gorki umgeleitet wurde und sie unter Verschleiß mehrerer Taxis zum 500 km entfernten, durchgehend geöffneten Postamt in Moskaus Gorkistraße gelangte, wo ich die Nacht über im Beisein sinistrer Gestalten auf sie wartete, die allesamt wie KGB-Zuträger aussahen, all das bleibt ebenso unvergesslich wie unser überstürzter, tränenreicher Abschied auch von den Botschaftsangehörigen, die uns sogar am heiligen Karfreitag allerlei bürokratische Hindernisse aus dem Weg geräumt und mir damit zusätzliche Russlandreisen erspart hatten.

Die letzte Hürde auf dem Weg zur Verwirklichung meiner Heiratspläne stellte die Überbeglaubigung eines auf Litauisch verfassten und in letzter

Minute ins Russische übersetzten, eiligst beglaubigten Schriftstückes dar, das ich bei laufendem Motor und nur Minuten vor ihrer Schließung in der Sowjetischen Botschaft in Bad Godesberg abgab – bevor ich zum Flughafen raste, um meinen Kollegen am *valtorn* bei Modest Mussorgskis *Boris Godunow* im Münchener Orchestergraben abzulösen. Das Geläut der Kremlglocken im ersten Akt erhielt am Ende dieses Tages eine ungeahnte Symbolik und bildete die vorläufige Krönung der Heiratspläne. Über die Eheschließung in Vilnius (Schampanski), die Hochzeitsreise nach Leningrad (getrennte Hotels), die wenige Monate später gelungene Übersiedelung meiner Ehefrau (Bayerisch für Anfänger) und den langfristig betrachtet zufriedenstellenden Verlauf unseres Überführungsabenteuers wollen wir hier das schützende Mäntelchen der Privatsphäre breiten.

Ab und zu lege ich zur Erinnerung heute noch Schallplatten des Litauischen Kammerorchesters unter Saulius Sondeckis auf, die als eheliches Umzugsgut zusammen mit dem Klavier »Roter Oktober« (Красный октябрь) nach Bayern geraten waren. Auf dem Transport von Vilnius nach Gauting – im Winter 1978 – muss es tage- oder wochenlang an der polnisch-sowjetischen Grenze im Freien gestanden haben, denn als ich nach Empfang des Instrumentes die Abdeckung aufschloss, sprangen mir die von der Nässe aufgequollenen Tasten wie ein tonloser Protest gegen ihre Transportbedingungen entgegen.

Dem Consortium Classicum gehörte ich weiter an, doch nach fünfzehn Dienstjahren in den Orchestergräben von Aachen, Duisburg, Düsseldorf, Berlin, Genf und München war mir vage nach etwas mehr Rampenlicht und orchestraler Bühnenpräsenz zumute. Also bewarb ich mich um eine freie Hornistenstelle bei den Berliner Philharmonikern und bestand mithilfe der bewährten Vorbereitungsriten die kurioserweise *zwei* erforderlichen Probespiele, ein offizielles – zu dem Karajan nicht eigens anreiste – und ein quasi privates, bei dem er den vom Orchester akzeptierten Probespielgewinnern noch einmal auf den Zahn fühlen wollte. Auf die verständlich bange Frage der zwar erfolgreichen, aber unbestätigten Kandidaten: »Und was ist, wenn er mich ablehnt?«, lautete die Antwort stets: »Das ist noch nie vorgekommen.«

Das erste Probespiel verlief nach dem mir geläufigen Muster, nämlich einem vorgegebenen Solokonzert mit Klavierbegleitung in der ersten Runde und ausgewählte Solopassagen in den weiteren Durchgängen. Das für eine Woche später anberaumte interne Vorspiel mit dem Ziel höchstinstanzlicher Absegnung spielte sich in einer Probenpause im großen Saal der Philharmonie ab. Als ich mir zwischen den pausierenden Musikern hindurch meinen Weg auf die Bühne bahnte, musste ich mich an meine erste Begegnung mit Karajan im Juli 1966 erinnern, als er im Rahmen der Dirigentenkurse an der Internationalen Sommerakademie in Salzburg einer alljährlichen pädagogischen Gastverpflichtung nachkam und uns Orchestermitglieder und Dirigentenschüler durch seinen ungeheuren Nimbus und sein überragendes Hör- und Gestaltungsvermögen in ehrfürchtiger Fassungslosigkeit zurückließ.

Ich erinnere mich noch ziemlich gut, wie er in der *Liedertafel,* dem Probenraum des Mozarteums, den eher mittelmäßigen Streichern unseres Kursorchesters durch seine schiere Anwesenheit ein atemberaubendes Pianissimo aufzwang und es mit einem allmählich intensiver werdenden Vibrato beleben ließ, bis es eine Qualität erreicht hatte, die sich keiner der Beteiligten im Traum zugetraut hätte.

Bei meinem Berliner Probespiel saß ER, 71-jährig, der Heiligenschein war nur zu ahnen, umrahmt von philharmonischen Hornisten, in der ersten Reihe von Block A und bat mich im Plauderton: »Spielen Sie doch mal *Till Eulenspiegel!* – – – OK, jetzt bitte den *Rheingold*-Anfang. – – – danke, geht's auch etwas leiser? – – – und jetzt den Sonnenaufgang aus der *Götterdämmerung,* Sie wissen schon, wo ... – – – und jetzt aus der ersten Brahms das Solo, Beginn vierter Satz, die Stelle vom ersten Horn, »drunten im Tal«, und schön kräftig bitte, aber nicht grob! – – – Danke, und nun das Solo aus der Dritten, aus dem dritten Satz ... ja, danke, können Sie's etwas freier spielen, nicht so akademisch, lassen Sie's mal blühen, und nehmen Sie sich Zeit – – – danke schön, genügt mir.« Ob das der genaue Wortlaut seiner Anweisungen war, kann ich nicht beeiden, aber so ähnlich dürfte er gewesen sein, der kurze Weg zum langen Glück. Nun durfte ich wieder – über allen Wolken schwebend – nach München zurückfliegen, wo mich einige *Otellos* unter Carlos Kleibers Leitung erwarteten. »Was für ein Luxus: Karajan am Montag und Kleiber am Dienstag«, dachte ich mir beim Verlassen des Nationaltheaters … und freute mich eine Weile an beiden.

Inwieweit diese Regung auf Gegenseitigkeit beruhte, kann ich nicht mehr einschätzen. Von Karajan nehme ich an, dass er mich und meine hornistischen Anwesenheitssignale nach dem verhältnismäßig ausführlichen Probespiel fortan nur noch wohlwollend am Rande wahrnahm, während Kleiber nicht nur im Orchestergraben lebhaft mit seinen Gestaltungspartnern korrespondierte, sondern sich – als leidenschaftlicher Briefschreiber – gelegentlich sogar auf einen schriftlichen Notenaustausch einließ, der mir einige Briefe und eine Ansichtskarte aus seiner Feder eintrug. »Lieber Marcel, ich kann beim besten Willen nichts für die Öffentlichkeit über K. sagen, ich habe ihn nämlich ins Herz geschlossen«, war da als Antwort auf die Frage seines Freundes Marcel Prawy nach seiner Meinung über Karajan zu lesen – und als Kapitelschluss mag die Antwort einer Medizinstudentin auf Kleibers Frage gelten, was sie von der rätselhaften Textstelle aus Wagners *Tristan und Isolde* halte: »Des Schweigens Herrin heißt mich schweigen; fass' ich, was sie verschwieg, verschweig' ich, was sie nicht fasst.« Das wäre ganz einfach so wie »Was ich nicht weiß, macht mich nicht heiß«, kam die Antwort. (Faszinierend!) Mit diesem Schweigen gehen wir in die Pause.

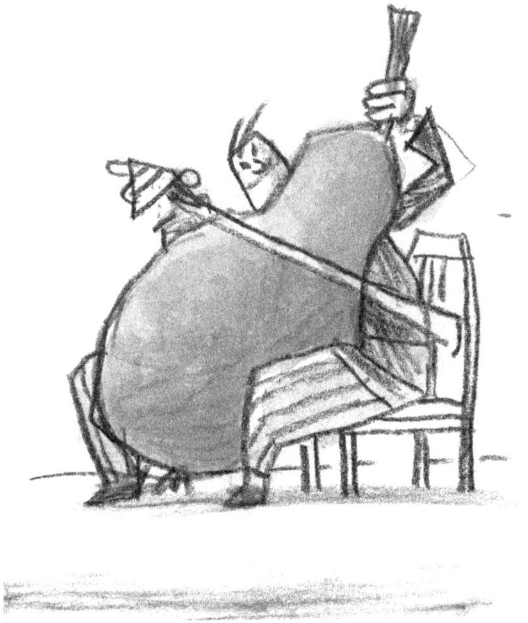

TEIL 2
Solo für Drittes Horn

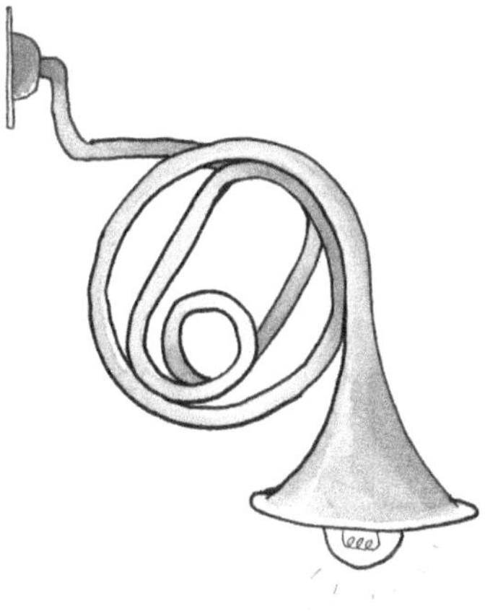

SEEGURKEN UND TSINGTAO-BIER
(海参和青岛啤酒)

Am liebsten war ich mit Leo unterwegs. Leo Mayr, den die chinesische Dolmetscherin zum ›Geisterspezialisten‹ gemacht hatte, weil das Wort ähnliche Silben enthielt wie der ›Geigenbaumeister‹, als der er sich unserer kammermusikalischen Mission angeschlossen hatte. Leo teilte meine Abneigung gegen wacklige Landeanflüge und mochte auch das warme Bier oder die Frühstücke aus Seegurken nicht, die man im mandschurischen Harbin in unsere Nahrungskette eingefügt hatte. Er war sozusagen der Verbindungsmann zwischen den fünf Streichern der Berliner Philharmoniker und uns, fünf Bläsern des Consortium Classicum, die wir 1980 im Auftrag des ZDF-Sonntagskonzertes vier Wochen lang das Reich der Tausendjährigen Eier bereisten. Währenddessen erlebte ich nicht nur die kammermusikalische Vorwegnahme Berliner Spielgewohnheiten, sondern auch zukünftige Kollegen wie den Geiger Hellmut Stern, auf dessen eindrucksvollen Lebenslauf die Tournee und die daraus entstandene Fernsehproduktion zugeschnitten war. Während ich auch angereist war, um noch vor meinem Umzug in den umfriedeten Teil Berlins zu überprüfen, wie weit uns die Chinesen in puncto Mauerpflege voraus waren, stand Leo aus Bayrisch Gmain zumindest tagsüber für die

Überbrückung landsmannschaftlicher Gegensätze gerade, bevor wir in den Abendstunden meine in sieben Jahren Münchner Opernkantine erarbeiteten Kenntnisse des Bayerischen Reinheitsgebotes von 1516 auf das entsprechende Tourneeangebot anwendeten und in harmonischster Übereinstimmung zu spätkolonialen Verehrern des nach deutschem Rezept hergestellten *Tsingtao*-Bieres wurden. Leo kannte als renommierter Geigenbauer zahlreiche Streicher, ihre instrumentalen Vorlieben, Bedürfnisse und natürlich ihr Repertoire. Für Geigenbau hatte ich mich bis dahin ebenso wenig interessiert

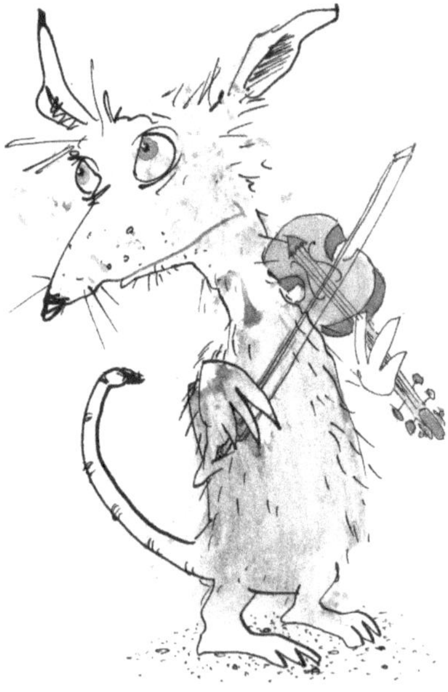

wie Leo für Bläserthemen – von den unausweichlichen heimatlichen Blasmusikveranstaltungen abgesehen – daher konnten wir im Gespräch gegenseitig eine Menge ungeahnter Wissenslücken schließen. Leo als mein gelegentlicher Hotelzimmernachbar interessierte sich zum Beispiel für das Übepensum eines Hornisten, denn von seiner Streicherklientel her war er andere Dimensionen gewohnt. Nicht nur die Übedauer, auch die Länge meiner Melodiepassagen irritierten ihn – genau wie meine Berliner Nachbarn übrigens –, und eines Abends zwischen gebratenen Bienen und roher Seeschlange brachte ich die Sprache auf das grundlegende Dilemma des Dritten Hornisten.

Zu Beginn verwies ich Leo auf die deprimierende Kürze der Solostellen für drittes Horn am Beispiel des Konzertstückes opus 86 in F-Dur für vier Hörner und Orchester von Robert Schumann. Es habe für den ehrgeizigen Hornisten die gleiche magische Anziehungskraft wie der *Watzmann* für den aufstrebenden Bergwanderer – erläuterte ich Leo, der im Einzugsbereich dieses berühmten Alpengipfels lebte –, und schon so manche erfahrene Vierergruppe habe sich – bei beiden Projekten – zur Umkehr oder Änderung der Wegstrecke gezwungen gesehen. Im Falle der Hornsolisten seien es freilich weniger die Witterungsbedingungen, die das Verhängnis auslösten, sondern die zeitlos bedrohlichen Vertracktheiten des konzertanten Parcours, den Schumann seinen vier Blasewichteln auferlegt hatte.

Der gebürtige Flachländler Schumann aus Zwickau in Sachsen habe hierfür die Gunst der Stunde genutzt, die mit Erfindung der Ventile für die Blechbläser angebrochen sei, und chromatische Waghalsigkeiten in die Noten geschrieben, für die er vor 1814 – zu Zeiten des ventillosen Spielbetriebs – des Landes verwiesen worden wäre. (Ob die militärischen Ratgeber des Wiener Kongresses die Entwicklung der Drehventile insgeheim gefördert hatten, um endlich der Monotonie jahrhundertelang verwendeter Armeesignale zu entrinnen, bleibt Spekulation.) Heute noch gehöre das zwanzigminütige Konzertstück zum höchsten Schwierigkeitsgrad seiner Gattung und verhindere so die Massenbesteigung der spektakulären Anhöhe. Mit wohligem Grausen erinnerte ich mich während meines Vortrags an die vielen Einstudierungstermine, die wir einander auf dem Weg zur Gipfelreife im Hornistenzimmer, unserem Berliner Basislager, zugemutet hatten.

Dabei zeichnet sich aus der Sicht des Dritten Hornisten Schumanns Konzertstück durch einen angenehmen Grad von Spielbarkeit aus, weil die Passagen jenseits unseres Bewältigungshorizontes den ersten beiden Hornisten anvertraut sind, die sich sowieso schon beinahe alltaktig im Glanz ihrer Fertigkeiten tummeln dürfen, während sich unsereins nicht selten mit den Krümeln eines dürftigen Anforderungsprofils abfinden muss, das fallweise kaum die Ausbildung rechtfertigt.

Zur Verdeutlichung führe ich drei repräsentative Solopassagen für Drittes Horn an. Nehmen wir als Erstes den Finalsatz aus Anton Bruckners *Siebenter* Sinfonie in E-Dur mit der Satzbezeichnung »Bewegt, doch nicht schnell«, Takt 278:

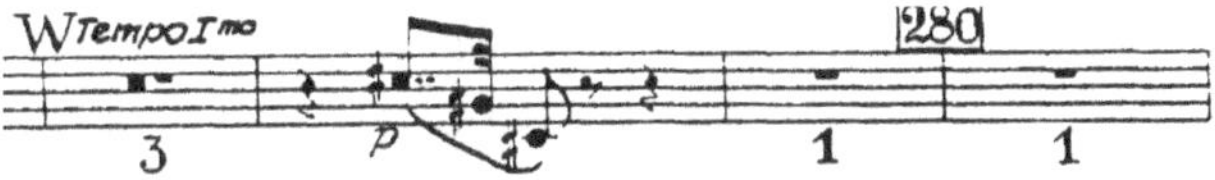

Oder nehmen wir die *Siebente* Sinfonie Anton Dvořáks. Hier finden wir in Takt 11 des ersten Satzes, der mit »Allegro maestoso« überschrieben ist, eine »Stelle« für 3. Horn, in der die ganze Niedertracht dieser Aufgabenverteilung zutage tritt und durch Wiederholung einen Takt später eine Steigerung erfährt:

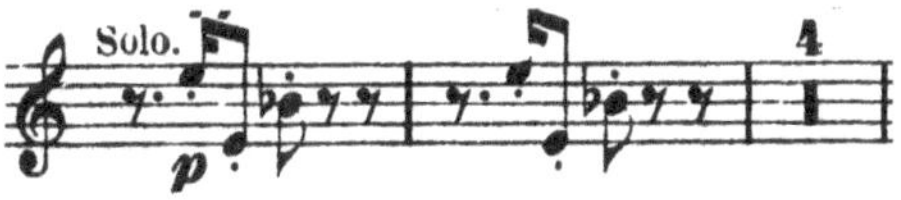

Und schließlich jene entsagungsvolle Passage aus dem 3. Satz, Comodo scherzando, aus Gustav Mahlers *Dritter* Sinfonie in d-moll:

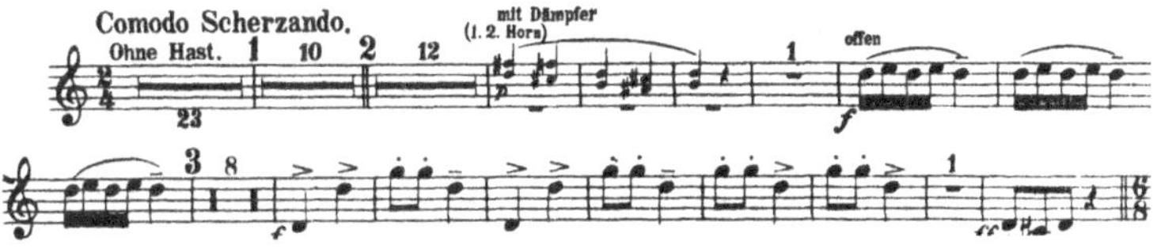

In bedauerlicher Übereinstimmung mit dem soeben

demonstrierten Beschäftigungsmuster verwundert es nicht, dass Robert Schumann während des ganzen Konzertstückes dem Dritten Horn nicht mehr als sieben (7) bedeutungsrelevante Solotöne anvertraute. (1. Satz – Lebhaft – Takt 209)

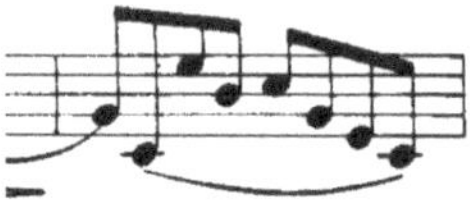

Mit der unablässigen Wiederholung dieser Tonfolge – zwecks Gewährleistung ihrer verlässlichen Abrufbarkeit – verbindet sich in den Wochen um den Aufführungstermin herum das körperliche und seelische Wohlbefinden des Dritten Hornisten und seiner engeren Umgebung. Vom Leipziger Uraufführungshornisten ist der allerdings unverbürgte Spruch überliefert: »Nur siem Deene, awer e Gosmos dr Niederdrachd!«

Leo schien beeindruckt und betrachtete für den Rest der Reise meine Anstrengungen unter einem anderen Blickwinkel. Vielleicht klärte er auch die fünf Berliner Streicherkollegen über die Problematik auf.

Mein Musizierverhalten während der chinesischen Sommerkonzerte könnte mir jedenfalls die ersten fünf Ja-Stimmen bei der eines Tages bevorstehenden Abstimmung über meine Aufnahme ins Orchester beschert haben, denn mithilfe der bewährten *Tsingtao*-Verabreichung fiel ich im Konzert nicht hinter die allgemeinen Ansprüche zurück und lernte überdies in zahlreichen Kollegengesprächen auch mein neues Orchester und die dazugehörigen Strukturen kennen, bevor ich ihnen in der Praxis wiederbegegnete.

Eine Woche nach Beendigung der Chinareise begann im Großen Festspielhaus in Salzburg das, was ich noch immer so ungern ›den Dienst‹ nenne: Karajan dirigierte Verdis *Requiem* – für Drittes Horn ein Spaziergang – und auf die Wiederholung des Programms bei den Luzerner Festwochen folgte der *Alltag in Berlin* – was zunächst einmal hieß, die beglückenden und noch frischen Erinnerungen an Konzertsäle zwischen Bergseen und majestätischen Alpengipfeln im Laufe eines Kuhdamms in die Liebe zur Krumme Lanke umzuwandeln.

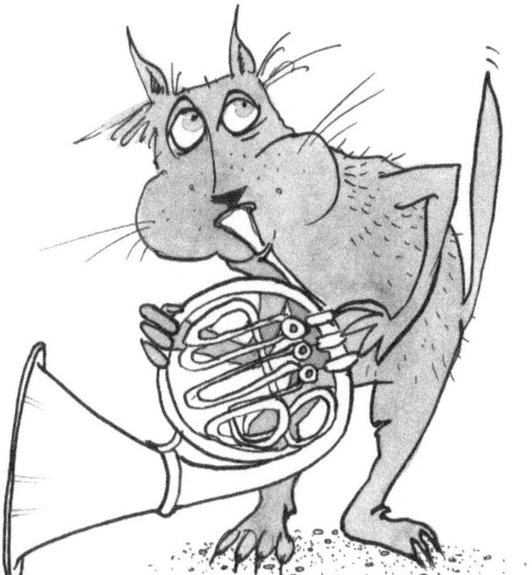

Dass man nach Berlin nicht wegen seiner städtebaulichen Anmut zieht, wusste ich noch aus meiner Opernspielzeit 1968/69, aber seitdem hatte ich mich an die erbauliche Nähe alpenländischer Erholungsgebiete offenbar so gewöhnt, dass ich mich noch jahrelang nach München und Genf zurücksehnte. Eine kurze Linderung setzte ein, als Karajan die *Alpensinfonie* von Richard Strauss einstudierte und uns mitten im plattgebombten Niemandsland um die Philharmonie mit Episoden wie »Wanderung neben dem Bache«, »Auf blumigen Wiesen« oder »Auf dem Gipfel« die alpinen Traumlandschaften ersetzte. Trotz dieser ständigen Zerrissenheit zwischen Erfüllung im Traumjob und Verzweiflung an der Umgebung brachte ich es mithilfe der philharmonischen Musikausübung innerhalb weniger Jahrzehnte zum überzeugten Wahlberliner, der seine Stadt gegen Beschimpfungen durch *gebürtige* Berliner verteidigt, die vom Tegernsee aus im Trachtenjanker die preußische Lebensart anprangern.

WÜRDEN UND HÜRDEN

Als willkommenen Ausgleich für das gelegentlich unbefriedigende Betätigungsmuster im Orchesteralltag des 3. Hornisten hatte ich in den ersten Berliner Jahren neben dem Orchesterdienst auch auf dem musikalischen Nebenerwerbssektor reichlich zu tun, denn sowohl das Consortium Classicum als auch das erst kürzlich von fünf auf zehn Mitglieder erweiterte Blechbläserensemble German Brass waren gefragte Gäste in den Konzertstätten zwischen Anchorage und Zwiesel. Konzerte, Tourneen und Aufnahmen mit beiden Ensembles boten ein beglückendes Gegengewicht zu den immer weltweit beachteten Auftritten in philharmonischen Wirkungsgebieten, wo ich über Jahre hatte beobachten können, was das Orchester und seine Gremien »im Innersten zusammenhält«, und nun *Andante ma non troppo* auf eine passende Gelegenheit wartete, mich mit Aufgaben außerhalb des Hornspiels hervorzutun. Irgendwann gegen Ende der Achtzigerjahre bot sich diese Gelegenheit, als wieder eine Gremienwahl anstand und ich mich in einem Anfall von Gemeinsinn um ein Amt als Mitglied der damals sogenannten Philharmonischen Kameradschaft bewarb, der heutigen Philharmonischen Gemeinschaft, dem Gremium für Atmosphärisches und Medaillenvergabe.

Meine erste Amtshandlung war – im August 1989, einem Wendejahr in vielerlei Hinsicht – ausgerechnet die orchesterinterne Trauerrede an Karajans Grab in Anif bei Salzburg, und um meine tatsächlich empfundene Traurigkeit in eine rhetorisch überzeugende Grabesstimmung zu verwandeln, vertraute ich mich beflügelnden Essenzen aus dem Zipfer-Bräustüberl an. Dadurch wurde es eine Rede, deren dankbar registrierte Kürze sich daraus ergab, dass Karajan selbst kein Freund ausufernder Ansprachen war, und störend bei der Gedenkfeier war nur die Anwesenheit eines Kamerateams, das sich in peinlicher Verkennung seiner Unerwünschtheit der Aufzeichnung unserer Andacht widmete.

Im dritten Stock der Philharmonie unterhält die Philharmonische Gemeinschaft einen Raum, der dem Orchester seit Inbetriebnahme des Hauses für Besprechungen oder entspannende Nickerchen zur Verfügung steht und einen eindrucksvollen Blick auf das Museumsareal vor der Philharmonie bietet. Dort trifft sich auch unser dreiköpfiges Gremium – das seine Hierarchie von den landläufigen Angel- oder Brauchtumsvereinen übernommen hatte und daher offiziell noch heute aus Vorsitzendem, Schriftführer und Kassenwart besteht – und bespricht orchesterrelevante Würdigungszeremonien, von denen sich aber einige im Laufe der Jahrzehnte textlich ein wenig abgenutzt haben, sodass ich mir vornahm, dem allzu weihevollen Ton mit an Wilhelm Busch geschulter Lyrik entgegenzuwirken. Dieser unbewusste Versuch, notorische instrumentale Versagensängste durch die Verfeinerung meiner Lyrikproduktion aufzufangen, trug mir vor Kurzem den bei den Philharmonikern erstmals vergebenen Titel »Hofpoet auf Lebenszeit« ein.

Beispiele für meine zwar vielblättrige, aber einseitige Würdigungspoesie füllen seitdem die hölzernen und später virtuellen Schubladen meiner

Aufbewahrungsmedien. Ob die Verse den Ansprüchen einer qualitätsbewussten Leserschaft genügen, kann am Beispiel des folgenden, weihnachtlich eingefärbten Mehrzweckgedichtes gütigst überprüft werden:

Hochverehrte Gäste! Jede
Weihnachtsfeier braucht 'ne Rede
und auch einen, der sie schreibt,
weil sie sonst im Dunkeln bleibt.

Also setz ich mich als frommer
Weihnachtsmann bereits im Sommer,
wenn der Enzian blüht und wächst,
an den Weihnachtsfeiertext.
Drob'n beim Gamswirt, vor der Scheune,
wo ich mich beim Schreiben bräune,
träum ich unter blauem Himmel
von der Winterschlittenbimmel
und genieß die Sommerzeit,
während es im Kopf schon schneit.
Kräuterduft und Sockenqualm
sorgen droben auf der Alm,
tief inmitten der Natur,
für die beste Reimzufuhr,
bringen zwischen Kuhmilchkübeln
mich zu angeregtem Grübeln
und verquicken solcherweise
Dienstbetrieb und Urlaubsreise.

Über grüne Wanderpisten
nah'n bisweilen Alpinisten,
die mich zwischen Seil'n und Pickeln
in ein Berggespräch verwickeln,
etwa: »Gumbl, saach uns mal,
wo geht's 'n hier zum Zillerdahl?«
und dann weeß ich, dass die Sachsen
nicht nur an der Elbe wachsen.

Manchmal kommt auch ein Passant
im Ölzeuch von der Waterkant,
und der fragt kurz angebunden:
»Sochmo, gibst du Jodel-s-tunden?«
Selbst us Kölle – sag isch offen –
hab ich Wand'rer angetroffen,
aber wejen diesem Släng
wird mir nun die Alm zu eng,
und so zieh ich mich ein Stück
höher ins Gebirg' zurück,
dorthin, wo selbst Gemsen schweigen,
während sie den Fels durchsteigen.
Neben Horst, dem Murmeltier,
dichte ich von zehn bis vier
an dem buntern Vielerlei
uns'rer Weihnachtslitanei,
schreib hier Grüße, danke dort
und beweg mich dabei fort,
denn nur über Stock und Stein
fall'n mir all die Dinge ein,
die ich nach dem Rumspazieren

bis Dezember konservieren
sollte. Anfangs kommt ein Gruß,
den wir immer mit Genuss,
Stolz und Zuneigung verbinden
und entsprechend gern verkünden,

darum schlag ich vor: wie wär's
mit Applaus – nach einem Vers
voller Wiedersehensreiz –
weil er nämlich Herrn von Weiz-
säcker und Gemahlin gilt,
die heut' abermals ins Bild
uns're Festgemeinde passen
und sich nun begrüßen lassen.

(Herzlich willkommen!)

Kaum bin ich dem Wirt entronnen,
sprudelt frisch mein Silbenbronnen,
doch kurz vor der Wegesbiegung
kommt er wieder zur Versiegung,
denn mir wird ganz plötzlich klar,
was noch zu bedenken war,
um vergang'ne Weihnachtsriten
pflichtgemäß zu überbieten.
Unausdenkbar nämlich wäre,
wenn wir uns're Pensionäre,
die hier sonst ja gar nicht säßen,
jetzt zu würdigen vergäßen.
Ausgeschlossen, ein Skandal!

Darum ein für alle Mal
und von mir aus fünfzigzeilig:
Pensionäre sind uns heilig!
Ihnen, die den Ruhm begründet
haben, sei ein Licht entzündet,
das sie noch so lange wärme,
wie die Welt von ihnen schwärme.
Zweitens woll'n wir die Verwaltung
samt der Buchführungsgestaltung
in den Dank mit einbeziehen.
Versetechnisch gut gediehen,
strahlt auch ungeheurer Glanz
aufs Büro der Intendanz,
wo die Maßgaben entstehen,
die sich um den Anspruch drehen,
welchem täglich zu genügen
wir – falls nötig – Funken schlügen.
Fahrdienst, Pforte, Saalverwaltung,
Werbefilmzentralgestaltung,
Kasse, Presse, DCH,
Dank ist heut' für alle da.
Reisen, Tontechnik, Finanzen,
Marketingverkaufsinstanzen,
Advent, Advent, ein Lichtlein brennt
fürs Gebäudemanagement,
Vorstand, Shop, Akademie,
EDV, Dramaturgie,
Stiftungsvorstand, Fünferrat,
das Cellistenkombinat,
Education, Merchandising,

Philharmonisches Franchising,
zur Verwaltungsdirektion
kommt die Kommunikation,
Notenbibliotheksarchive,
Mitverwaltungsoffensive,
ach, ich juble, denn beim Wandern
fügt sich flugs ein Dank zum andern,
und bei meinem Dichtungslauf
geht's jetzt Vers für Vers bergauf.
Lange hab ich schon mit nassen
Schuh'n die Baumgrenze verlassen
und bin Schritt für Schritt gewärtig:
gleich ist uns're Hymne fertig.
Schon steh ich auf Berges Gipfel,
Sonnenschein am Mützenzipfel …

*

Müde werd ich, es ist kühl …
da entdeck ich ein Asyl
hoch am Bergesrand – man nennt's:
die Seniorenresidenz!
Ich geh rein, und hinterm Schalter
sitzt ein Mann in meinem Alter,
der fragt: »Wollnse wen besuchen
oder gleich ein Zimmer buchen?«
»Sachte!«, sag ich leicht pikiert.
»Seh ich aus wie pensioniert? –-
Muss ja ***wirklich*** *jetzt nicht sein«,*
denk ich noch, pack's Textbuch ein,

dreh dem kühlen Bau den Rücken
und lass mir ein Liedchen glücken!
Abwärts auf dem Weg ins Tal,
sing ich eins ums and're Mal
den Begrüßungsabschlussvers:
Schönen Abend noch! Das wär's.

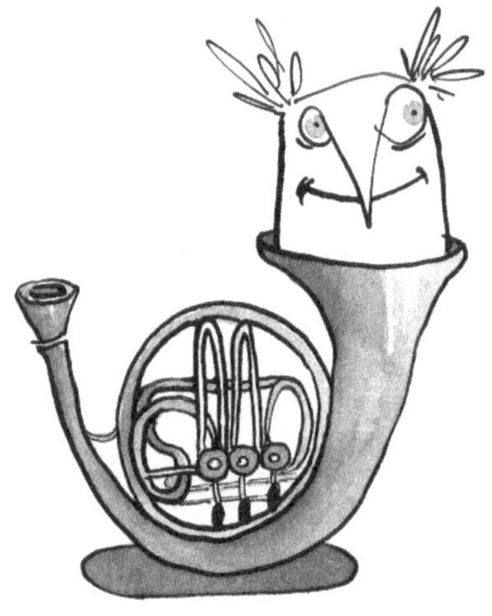

L'ABBADONATA

Mit dem Amtsantritt Claudio Abbados (1990) wurde der Umgangston vordergründig etwas weniger respektgeladen, doch das vertrauliche, vielleicht vom häufigen Umgang mit Jugendorchestern herrührende Duzen – Abbados bevorzugte Anredeform – brachte nicht ohne Weiteres mehr Nähe mit sich, insbesondere nicht seitens der älteren Kollegen, deren letzte Bastion gegen das mitunter wahllos anbrandende Geduze unserer Tage ebendiese Anrede bildete: das respekt- und distanzhaltige »Sie« unter Menschen mit Sinn für wohltuende Abstände.

Claudio nahm im Übrigen mal erheitert, mal gerührt und mit der ihm eigenen, vielsagenden Wortlosigkeit die zahlreichen Ehrungen zur Kenntnis, die wir in seiner zwölfjährigen Amtszeit vor dem Orchesterplenum verlasen, und hatte auch nichts dagegen, dass ich gegen Ende des Konzertes zum Jahrtausendwechsel 1999/2000 von meinem Platz am 7. Horn aus stehend den auch ihm gebührenden Dank des Publikums für folgende Verkündung entgegennahm:

»Das ist echt nett, dass Sie so toben. Dies war unsere kleine öffentliche Sammlung berühmter sinfonischer Zieleinläufe, mit denen wir noch einmal unser Letztes aus Ihnen herausgeholt haben, meine Damen und Herren. Wie schon aus den Programmankündigungen hervorgeht, haben Sie sich durch Ihr beherztes Applaudierverhalten einen halbstündigen Zugabenblock erzwungen, wir gratulieren.

Durch Ihre sympathischen kleinen Schmunzler haben Sie nun auch ein Quäntchen jener Heiterkeit beigesteuert, die wir für den weiteren Programmverlauf so dringend benötigen. Denn wie so viele vor uns im nun ausklingenden Jahrhundert haben auch wir uns die bange Frage gestellt: Was kommt nach Schönberg? Kann nach Schönberg überhaupt noch etwas kommen?

Jawohl – sagen wir – klar, geht! Muss gehen. Denn wer möchte schon dem Zusammenprall der Jahrtausende, dem Übergang des Abendlandes, diesem kosmischen Kalenderbeben, diesem weltumspannenden Datenruck gegenübertreten … mit nichts als einem dürren Gurreliedchen auf den Lippen? Ich nicht!

Darum haben wir Claudio Abbado überredet, doch mal ein bisschen aus sich herauszugehen und zum Beispiel etwas von Paul Lincke zu dirigieren, etwas von Kollo oder von diesem Fischer, also von Komponisten, die mit ihren Werken seit den Zwanzigerjahren für die Stimmung sorgen, die der Berliner inzwischen für gute Laune hält.

Gute Laune, meine Damen und Herren, werden Sie auch aus anderen Gründen als den von Ihnen vielleicht erwarteten brauchen: Die Leitung unseres Hauses hat mich nämlich im Interesse eines reibungslosen Abendverlaufes um die nun folgenden ermahnenden Ansagen gebeten, deren Befolgen natürlich angesichts der Eintrittspreise ganz in Ihrem Ermessen liegt: Erstens bittet die Hausgastronomie um Verständnis dafür, dass rund 500 der weit über 2000 Essensempfänger im Stehen speisen müssten, falls die bereits installierten Gäste nach der Poulardenbrust auch noch ihr Sitzfleisch ausprobieren möchten. Also lautet die Maxime: eat and go!

Zweitens bittet die bisher unbescholtene Brandschutzleitung darum, eventuell mitgebrachte Sprengsätze ausschließlich im Freien zu zünden, damit wir nicht alle zusammen übermorgen in der Zeitung, aber sonst nirgendwo mehr stehen.

Und schließlich möchten wir Sie noch auffordern, das ungeheure Angebot an attraktiven Veranstaltungen zu nutzen, das sich in der unmittelbaren Umgebung der Philharmonie bietet, das heißt: von 22:45 bis 23:45 natürlich nicht, denn da sind Sie ja im Kammermusiksaal, um sich unsere legendäre Lachmusik anzuhören.

Zu guter Letzt darf ich Sie noch um etwas Geduld für eine Ansage bitten, die sich an unsere Zuschauer in Japan wendet. Dort ringen zur Stunde Millionen Musikfreunde an den Bildschirmen mit einem geradezu pazifischen Kater, und denen möchten wir Folgendes mitteilen:

»Niho-no Minassan! Kuraudio Abbado To Berurin Firu wo daihyohshite akemashte omedetto gozai masu!«

*

Ein weiterer erfreulicher, aber nicht unbedingt humoristisch verwertbarer Anlass bot sich zwei Jahre später mit der Verleihung des Bundesverdienstkreuzes 1. Klasse an Claudio Abbado, dem ich im Schloss Bellevue bei der Verlesung folgender Ansprache gegenüberstand:

Lieber Claudio!
Im Namen unseres Orchesters beglückwünsche ich Dich zur heutigen Auszeichnung, von der wir ja aus Deinem Munde wissen, dass damit auch wir gemeint sind. Nicht nur im staatlichen Würdigungswesen, sondern auch in der Musik bringt die Verleihung eines Kreuzes eine Erhöhung und damit eine besondere Note mit sich. Erhöhung, lieber Claudio, hast Du nie beansprucht und darum stets erhalten. Schon die Anredeform, die ja nicht mein ganz persönliches Privileg ist, sondern die Du als Umgangsrequisit vorgeschlagen und angewendet hast, zeigt und zeugt ein bisschen von dem, was Dir beim künstlerischen und menschlichen Miteinander wichtig ist und wie Du Deine Rolle innerhalb der Interpretengemeinschaft siehst, nämlich als weisungsberechtigten, aber kommandierscheuen Vermittler zwischen Notentext und Ausführenden. Du bist der menschlichste Dirigent mit Abstand, hast auch den nötigen Respekt dadurch erlangt, dass Du ihn nicht eingefordert hast – und hast auf diese sympathische Weise so viel Demokratie gefördert, wie die Betreuung anspruchsvoller Musikstücke zulässt. Für diese Haltung danken wir Dir und für Dein Maßstäbe setzendes Zutun bei dem erfolgreichen Versuch, die Qualität zu gewährleisten, die unserem Orchester zu seinem Renommee und der damit verbundenen Sonderstellung verholfen hat.

Claudio, Du hast neulich während einer öffentlichen Probe in Salzburg den versammelten Förderern die Behauptung verkündet, das Orchester werde immer besser. Diese erfreuliche Bewertung ist für uns Ältere inzwischen irritierend, denn sie wurde uns vor Jahrzehnten bei Dienstantritt von den damals Älteren auch schon eingeschärft, sodass man sich bang fragt: Wohin soll diese Entwicklung führen? Ich glaube, wir alle haben aber verstanden, was Du mit Deinem Zeugnis wohl gemeint hast, nämlich das denkbar einvernehmlichste Musizieren, vor allem in der jüngeren Vergangenheit, ein zunehmendes Aufeinandereingehen, das die Aufführungen noch stärker geprägt hat als früher und das man nun im doppelten Wortsinn als vollendet bezeichnen kann … und so könnte man auf den Gedanken kommen, man solle aufhören, wenn's am schönsten ist. Sicherlich leiteten Dich andere Beweggründe, bevor Du als erster künstlerischer Leiter der Berliner Philharmoniker Deine Amtszeit selber begrenzt und damit der überraschten Musikwelt gezeigt hast, dass es neben dem Dirigieren auch noch andere genießenswerte Beschäftigungen gibt. Aber wenn wir in Kürze – wenn auch vorläufig – auseinandergehen, dann werden wir uns in der tröstlichen Vermutung wissen, dass auch bei Dir die positiven Erinnerungen an die Zeit mit uns bei weitem überwiegen.

Abgesehen von gelegentlichen Orchester- oder Festivalsgründungen möchtest Du in Zukunft mehr lesen, segeln und die Stille Deines Lieblingstales auskosten; vielleicht verhelfen Dir ja diese Tätigkeiten dazu, die wertvollsten Eindrücke aus Deiner bisherigen Wirkungszeit zu einer Art Autobiografie zu verarbeiten, in der wir Musiker eine ähnlich nützliche Rolle spielen wie die vielen kleinen Männlein, denen Du in Deinem »Haus voller Musik« das Leben geschenkt hast.
Nicht nur die Fachwelt wäre froh, wenn jemand wie Du sein allzu goldenes Schweigen in eine gewisse Beredsamkeit überführen würde: Dann könntest Du endlich, vorbei am publizierenden Beurteilungspersonal, die Höhen und Tiefen Deines bisherigen Musiker-Lebens – und Musik-Erlebens – lesergerecht ausloten, könntest Bilanz ziehen, könntest der jungen Generation, die Dir so offensichtlich am Herzen liegt, etwas dauerhaft Verwertbares mit auf den Weg geben … und außerdem hätten wir unterbeschäftigten Blechbläser – je nach Format Deines Buches – wieder eine pultgerechte Proben-Lektüre für den wahrscheinlichen Fall, dass Sir Simon genauso intensiv arbeitet wie Du.
Das zehnjährige Paulinchen wollte vor ein paar Tagen wissen, warum ich heute vormittag nicht mit ihr zum Maisinger Weiher fahre, um die frischen Schwäne anzuschauen. Da hab' ich ihr erklärt, ich dürfe heute für meinen Chef Claudio

Abbado eine Laudatio, also so was wie eine Rede, halten und das sei leider diesmal wichtiger. – - – Da sagte das Kind nach einer kleinen Pause: »Dann kannst Du die Rede ja Claudatio *nennen.« Das habe ich ihr versprochen und hiermit gehalten in der Hoffnung, diesem würdevollen Vorgang ein wenig von der Schwere zu nehmen, die wir alle so fürchten.*

Lieber Claudio, wir werden morgen nach Italien fliegen, um Deine Landsleute mit einem Schönberg-Mahler-Programm auf den Ernst des Lebens hinzuweisen. Danach werden wir im vielleicht schönsten Konzertsaal der Alten Welt, nämlich im Goldenen Saal des Wiener Musikvereins, den Konzertbesuchern mit ein bisschen Glück die Wärme eines durch Frauen mitbestimmten Orchesterklanges präsentieren … und in dem Moment, in dem Du das Podium betrittst, werden wir wieder wissen, dass nun jene zwei Stunden folgen werden, in denen Du Dich uneingeschränkt wohlfühlst.

Du wirst dastehen, souverän, doch ein bisschen jungenhaft … wirst wieder jene Ruhe verströmen, die das Publikum braucht, um sich einem aufregenden Abend hinzugeben … und während wir uns beim Umkleiden dann von den Ovationen erholen und die Ohrwürmer des Abendprogramms leise durchs Gemüt ziehen lassen, werden uns diesmal vielleicht die berühmten Worte Octavians aus dem zweiten Akt des Rosenkavalier *in*

abgewandelter Form in den Sinn kommen: »Mir ist die Ära widerfahren …«, und dann werden wir denken:
»Grazie per tutto! Eranno senza Claudio, ma giammai abbadonati! Ich fürchte, Du wirst uns fehlen.«

FÜLLHORN

Diese Ansprache bildete den protokollarischen Gipfelpunkt meiner rednerischen Bemühungen. Die Mappe mit staatstragenden Ehrungstexten blieb dünn im Vergleich zum Ordner mit der Aufschrift HORNRELEVANTES, in dem ich wahl- und planlos immer mal wieder Betrachtungen zu diesem naheliegenden Themenkomplex untergebracht hatte, zum Beispiel den folgenden kleinen Überblick über die Möglichkeiten und Grenzen, innerhalb derer wir Hornisten uns um die öffentlich vermittelbare Pflege unseres Paradeinstrumentes kümmern:

Bereits in der Frühzeit der Menschheitsgeschichte bildeten sich bei der zunächst versehentlichen, später dann beabsichtigten Anwendung alltäglicher Jagd-, Kampf-, Balz- oder Anwesenheitssignale unserer inzwischen aufrecht gehenden Vorfahren zwei Gattungen von Bläsern heraus: zum einen der Benutzer geradewegs nach vorn verlaufender Signalröhren aus Holz oder Tierhorn; auf der anderen Seite der Liebhaber gewundener, indirekter Klänge, wie sie etwa dem naturgekrümmten Schalltrichter des Rinderhorns, dem Widderhorn oder Schofar, der meerfach gewundenen Hochseemuschel oder ähnlich resonanzwilligem Gehörn seitlich oder hinterrücks entfahren.

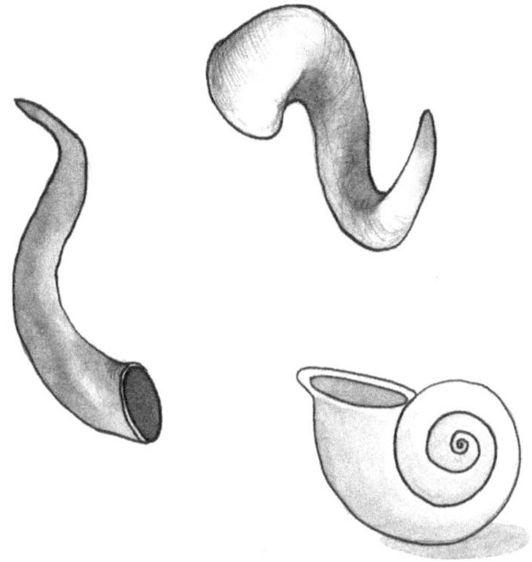

Die grundehrliche und direkte Methode, den Ton nach vorn abstrahlen zu lassen, hat im Verlauf der Geschichte zur Bestätigung der Entwicklung von Trompete und Posaune geführt, deren spektakulärster Erfolg, nämlich der Abriss der Mauern von Jericho, ein so nachhaltiges Echo gefunden hat, dass es um beide Instrumente seither praktisch nicht mehr still geworden ist. Bedauerlicherweise ist allerdings infolge eines durch Jahrhunderte verschleppten

Übersetzungsfehlers noch heute ungeklärt, welche von beiden nun den biblischen Triumph für sich in Anspruch nehmen dürfen: Im englischen Sprachraum ist die Rede von den »Trumpets of Jericho«, während deutschsprachige Bibelstellen den »Posaunen von Jericho« diesen historischen Erfolg gutschreiben. Dass aber Bläserchöre aus der Uckermark 1989 den Fall der Berliner Mauer durch Posaunenstöße beschleunigt hätten, gehört ins Reich der musikalischen Fabel.

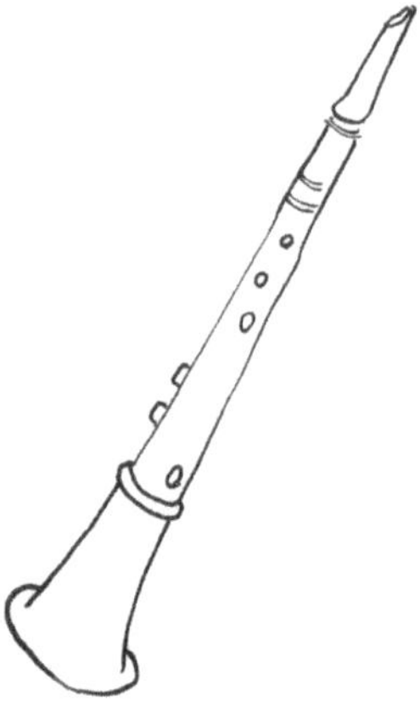

Bis auf den heutigen Tag spielen Klarinetten, Trompeten und Posaunen in kompromissloser Direktheit frontal ins Publikum hinein, während sich die Töne, die der Hornist seinem Instrument anvertraut, diskret vom Mundstück aus durch den filternden Kanal eines Mundrohres hindurch ins raffinerieartig verschlungene Röhricht auf den Weg machen, um wenig später aus dem zu Recht vergoldeten Schallbecher gelassen an die Öffentlichkeit zu treten. Gelegentlich auftretende Verzögerungen bei der Signalankunft werden von Kollegen und Dirigenten mit unterschiedlicher Duldungsbereitschaft hingenommen.

An der verschlungenen, vielleicht etwas umständlichen, aber dafür sanft und weich geführten Art des Tonaustrittes mag es liegen, dass sich das Horn so gut mit den Holzbläsern mischt, die über eine gewisse Lautstärke ja ohne klangliche Einbußen nur schwer hinauskommen und uns daher gern die Vermittlerrolle zwischen intimen und robusten Passagen eines Musikstückes überlassen. Hier gilt es also, Fingerspitzengefühl und diplomatisches Anpassungsvermögen zu praktizieren, wogegen wir uns gegenüber dem fortissimo spielenden Plenum des übrigen Blechs oft nur unter kräftezehrendem Ellbogeneinsatz durchsetzen können.

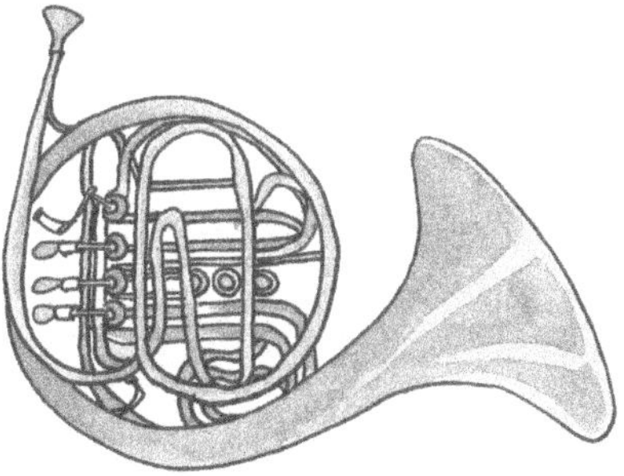

Während nun die Posaune Zug um Zug ihren Einfluss auf das liturgische Tagesgeschäft vergrößerte und die Trompete dank ihrer tonangebenden Rolle auf dem Gebiet des militärischen Nachrichten- und Kommandowesens bis in unsere Tage hinein öffentlichen Nachhall genießt, verträumte das Horn so manche Stunde seiner Weiterentwicklung im Wald und auf der Heide, diente Eichendorffs Postillionen als stimmungsvoller Wegbereiter nächtlicher Kutschfahrten oder lag in tonloser Bescheidenheit auf mondbeschienenen Lichtungen, um auf den verliebten Jägersmann zu warten, der ihm in der Morgendämmerung die Naturtöne 2 bis 10 entlocken und dann hoffentlich das Kondenswasser ablassen würde, damit es im Rohr nicht immer so blubbert, wenn der Sechzehnender aus dem *Freischütz* das schützende Dickicht der Wolfsschlucht verlässt.

Naturtöne heißen die wenigen Laute, die der unkundige, aber neugierig-beherzte Tourist einem der vielen **Alphörner** abtrotzen konnte, die das Fremdenverkehrsamt von Sion im Schweizer Kanton Wallis in den Achtzigerjahren vorübergehend an folkloristisch attraktiven Plätzen der Stadt zur allgemeinen Benutzung und Erbauung hatte anketten lassen. Die solchen und anderen Hörnern innewohnende Obertonreihe – durch Anblasen eines Mundstücks erweckt und in gefällige Schwingungen gebracht – versetzt sprachlose Passanten in Staunen und Bewunderung, die gleichzeitig mit der Lippenkraft der durchziehenden Alphorndilettanten aber rasch nachlassen.

Kondenswasser (auch: Schwitz- oder Tauwasser) ist das, was die Hornisten unablässig so auffällig, die übrigen Blechbläser hingegen etwas diskreter aus den Ventilzügen und Schallöffnungen ihrer Instrumente pusten, klopfen oder drehen, in jedem Falle aber hilflos kopfschüttelnd entfernen müssen, damit sich dem klingenden Luftstrom keine störenden Gurgler beimischen. Dieses Wasser würde sich auch dann ansammeln, wenn das Instrument einfach ein paar Stunden lang unbenutzt irgendwo herumläge. In der Laboranalyse des Kondenswassers fänden sich dort zwar auch mikroskopisch kleine Partikelchen von Atemluft, Speichel oder anderen Mundhöhlensekre-

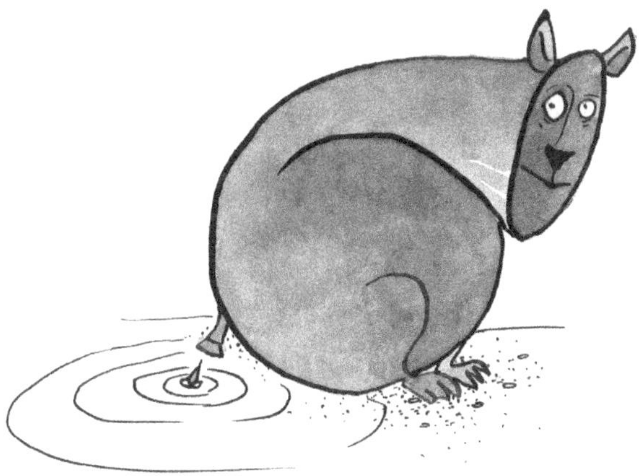

ten; gemeine **Spucke** hingegen wird man dort entgegen einer offenbar unzerstörbaren und rufschädigenden Legendenkampagne nicht finden. Veranstalter von Hauskonzerten können also nach der Lektüre dieser Zeilen gemeinsam mit uns aufatmen und fortan auf die demütigende Taktlosigkeit verzichten, Bläsern saugfähige Periodica zweifelhaften Renommees zu Füßen zu legen.

Die mittlerweile gern als veraltet belächelte, romantisierende Bezeichnung unseres Instrumentes lautet **Waldhorn**. (Im Russischen hat es sich übrigens in der Übersetzung als VALTORN gehalten.) Der Gebrauch dieses Begriffes stammt aus der Zeit, als die Jagdhornbläser in die Postkutsche umstiegen; er wurde noch von Richard Strauss verwendet, der ihm sein erstes *Waldhorn-Konzert* opus 11 widmete, wogegen er das zweite aus dem Jahre 1942 schlicht »Hornkonzert« nannte. Richard Wagner oder auch Robert Schumann wollten das Waldhorn vom soeben erst erfundenen **Ventilhorn** unterschieden wissen und markierten diese Wünsche ausdrücklich in ihren Partituren. Hornistensohn Johannes Brahms konnte den durch zu viel Technik verfremdeten Klang des Ventilhorns nicht ausstehen und richtete sich in seinen Kompositionen nach dieser Abneigung, indem er auf chromatische, also ventilbedürftige Passagen nach Möglichkeit verzichtete.

Die großen romantischen Dichter wie Joseph von Eichendorff, Heinrich Heine oder Schuberts Textlieferant Wilhelm Müller *(Winterreise)* sicherten dem Waldhorn einen Platz in der Literaturgeschichte wie auch die Zustimmung derer, denen ein Pump- oder Drehventil nicht in die Umgebung von Elfen, Feen oder solchen Zauberwesen passen wollte, die der Märchenleser gelegentlich im deutschen Wald antrifft.

Kommen wir kurz zum **Klang:** Die Mitglieder unserer Berliner Philharmonischen Horngruppe verwirklichen durchaus unterschiedliche Klangvorstellungen, obwohl wir alle ein Instrument desselben Herstellers und der gleichen Baureihe benutzen. Daher mag der Reiz auch dieser Formation eher in der Mischung individueller Klangprofile als in einengender Gleichfarbigkeit bestehen. Wenn man diese These auf den ebenso kontrovers wie ergebnislos diskutierten Gesamtklang eines unverwechselbaren Traditionsorchesters anwendet, hat man für eine Weile reichlich Stoff zum Nachdenken.

Die uns aus Schulzeiten bekannte, fragwürdige Textzeile »Das Horn, das Horn, das ruht sich aus« aus dem beliebten Kanon, der mit »Die Geige sie singet, sie juhubehelt uhund klihinget« beginnt, geht wahrscheinlich auf eine traumatische Begegnung des Liedautors mit dem hier so eintönig verwendeten Kleinen F zurück, also der Nummer 4 der Obertonreihe. In Wirklichkeit ist diese Reihe eine eher benutzerfreundliche physikalische Erscheinung, mit der Generationen von Horn- und anderen Blechbläsern auf gutem Fuße standen, bis um das Jahr 1814 ein übereifriger Perfektionist die Ventile erfand, dank derer die bis dahin schwierigen oder gar fehlenden Töne zwar spielbar, Irrtümer oder Kiekser aber zunehmend unentschuldbar wurden und den latent durch Fach- und Publikumskreise irrlichternden Verdacht nährten, das Horn sei ein schwieriges, ja gefährliches Instrument. (Laut *New York Times* vom 12.8.2015 gehören Hornisten den nervlichen Anforderungen nach zu Risikogruppen wie Stierkämpfer, Hirnchirurgen oder Formel-1-Piloten.)

In der Tat muss man sich als altgedienter Berufshornist auch gegen Ende seiner Laufbahn noch regelmäßig darüber wundern, wie groß doch der Unterschied zwischen angestrebten und tatsächlich erzielten Tönen unter Aufführungsbedingungen gelegentlich ausfallen kann.

Den Spaß am Musizieren, der unsere philharmonische Horngruppe von Beginn unserer musikalischen Bemühungen an so dauerhaft mit unserem Metier verbunden hat, wird uns kein noch so saalsprengender Patzer rauben, sollte er sich denn zutragen. Aber ist es nicht ein tröstlicher Anachronismus, dass unser Berufsgrüppchen trotz beeindruckender Fortschritte bei Ausbildung und Instrumentenbau noch immer mit ähnlichen Unzulänglichkeiten zu kämpfen hat wie unsere Kollegen vor rund 200 Jahren?

Der Klang des Hornes umstrahlt wärmend den verliebten lyrischen Tenor auf dem Balkon einer italienischen Belcanto-Arie; er beglänzt die Wipfel im Streicherwald symphonischen Alpenglühens, markiert heldisch und selbstbewusst den Auftritt des kriegerischen Baritons, er illustriert die Jagd und den Kampf, schmeichelt und raunt, säuselt und flüstert, brüllt und dröhnt durch die Orchestergräben und Konzertpodien des Abendlandes. »Ohne Horn wäre Musik ein Irrtum«, soll Nietzsche ursprünglich gesagt haben, wussten Sie das?

Vieles hat sich in der Welt verändert, seit der erste wagemutige Pionier seinem Instrument unterscheidbare Töne entlockt hat – aber das Hornspiel ist geblieben, wie es war: zeitlos, beseelt … und unberechenbar.

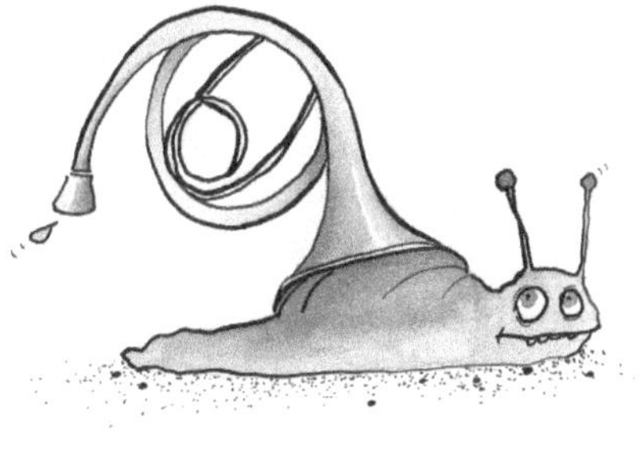

LE CROISSANT

Unberechenbarkeit geht nicht selten in Unzuverlässigkeit über und ist als musikalisches Gestaltungselement nicht nur bei Dirigenten zu Recht verrufen. Ansprachesicherheit und Tonschönheit müssen einander nicht ausschließen, und um bei der Erfüllung dieser beiden Kriterien behilflich zu sein, reisen die abendländischen Instrumentalisten an die entlegensten Orte auf der Weltkarte musikalischer Fertigkeitsvermittlung. Noch dominiert der Anteil westlicher Pädagogen, die bei der Gestaltung der *Masterclass* genannten Unterrichtsreisen auf einheimische Dolmetscher wie meinen Freund Huang angewiesen sind, einen brillanten Kenner deutschsprachiger Literatur, der als Präsident der deutsch-chinesischen Literaturgesellschaft allerdings weit überqualifiziert war, als er sich vor die Aufgabe gestellt sah, aufgeblasene Backen und anschwellende Oberlippen gemeinverständlich zu verorten. Als wir vor vielen Jahren in Peking wieder einmal die Blechbläser eines neu gegründeten Sinfonieorchesters in die Geheimnisse orchestergerechten Musizierverhaltens einweihten, wurden wir von ihm so aufmerksam betreut, dass er während unserer gedeihlichen Zusammenarbeit sogar noch Begriffe wie »Ansatz«, »Zwerchfellatmung«, »Stützbier« oder »Kolbenfresser« seinem an Goethe und Thomas Mann geschulten Vokabular hinzufügen konnte. Inzwischen übersetzt er die Werke Martin Walsers ins Chinesische.

Einmal schickte er mir eine Textbotschaft mit zwei Fragen: warum das Waldhorn auf Englisch FRENCH HORN genannt werde und ob es aus meiner Sicht *die deutsche Seele* repräsentiere. Zumindest die erste Frage fühlte ich zunächst bei mir gut aufgehoben, denn ich hatte ja in jungen Jahren als Solohornist im damals noch französisch dominierten *Orchestre de la Suisse Romande* musiziert und dort einige Spieltraditionen französischen Ursprungs kennengelernt. Das Horn wurde nämlich – nach der Überzeugung der frankofonen Genfer Kollegen – als *Cor de Chasse* (Jagdhorn) – im 17. Jahrhundert am französischen Hof entwickelt und in englischsprachigen Ländern mit hornspielender Bevölkerung dann in Anerkennung seiner Herkunft *French Horn* genannt. Vielleicht wollte man aber auch nur die Verwechslung mit dem Englischen Horn ausschließen, einer Oboenart, die die Angelsachsen kurioserweise mit dem französischen Begriff *Cor Anglais* übersetzt haben. »Angle« wiederum bzw. »the angle« – der Winkel – dürfte sich eher auf die einst abgeknickte Form des Englischhorns – Corno Inglese – beziehen als auf die nationale Zugehörigkeit und schon gar nicht auf das engelsgleiche Klangverhalten, das im Bereich des Schalltrichters schon mal ins Elysische übergeht, wie man es auf den Pariser Himmlischen Feldern – den Champs Elysées – antrifft, wenn sich dort am Nationalfeiertag die berittenen Parforce-Hornisten zu ihrem *Rendezvous de Chasse* einfinden. Dass der Himmel über Paris der siebente Himmel ist, weiß jeder, der schon einmal dort war, und der Himmel über dem *Septième Arondissement* bedeutet nun nur noch eine sprachliche *Abrundung* des gefällig runden Designs eines aus Messing gefertigten Holzblasinstrumentes, das auf Französisch

LE COR heißt. Die Welt des Horns umfasst u.a. das Piccolobügelhorn, das Flügelhorn, das Cor de Bugle, das cor à piston, das Wald-, Natur-, Ventil-, das Fürst-Pless- und das Wiener Horn, das Doppel-, F-, B-, Diskant-, Alt- und das Wunderhorn, und wen diese durchaus unvollständige Aufzählung neugierig auf mehr gemacht hat, für den haben wir noch den gastronomischen Bezug zum Hornwesen griffbereit, denn das Hörnchen – frz. LE CROISSANT – das sich auch die Hornisten zur Frühstückszeit gern auf der Doppelzunge zergehen lassen, verbindet auf schmackhafte Weise Geblasenes mit Gebackenem und ebnet damit den Weg in die weite Welt des Backblechs, auf das wir bei einer anderen Gelegenheit noch zu sprechen kommen. Die Liste wäre jedoch nicht vollständig ohne die Wagnertuba. Sie ist ein vergütungspflichtiges Sonderinstrument aus der Familie der Wohlklingenden Messingtöner. Genau wie die berühmte Richter-Skala ist sie für Erschütterungen zuständig und nach oben hin offen. Durch ihren weithin sichtbaren, schornsteinartig aufragenden Schalltrichter sind die Wagnertuben vor allem für Dirigenten mit altersbedingter Sichteinschränkung ein unverzichtbares Hilfsmittel bei der Ortung ihrer Gestaltungspartner. Diesen Nebenaspekt dürfte auch Richard Wagner im Sinn gehabt haben, als er die von ihm entworfenen Tuben seinem unübersichtlichen Orchesterapparat einverleibte.

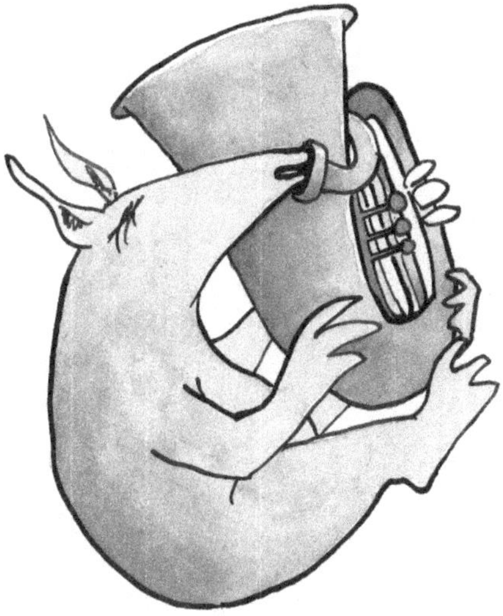

Wegen ihrer werkseitigen Intonationsmängel gehört die Wagnertuba zu den betreuungsintensivsten Orchesterinstrumenten und muss in stundenlangen Sondersitzungen von den Mitgliedern des Tubenquartetts täglich aufs Neue dem Niveau unserer berechtigten Hörerwartungen angepasst werden. Um die vier Tubisten nicht mit ihren Stimmungen allein zu lassen, haben ihnen verantwortungsbewusste Tarifinstanzen für den Einsatzfall Extravergütungen eingeräumt, die man ihren Leistungen in der Regel auch anhört. Alle genannten Begriffe entspringen dem unerschöpflichen Vorrat des Füllhorns, lat. *Cornucopia,* das Prof. Dr. Huang mit seiner Frage unwissentlich über uns ausgeschüttet und den allerunterschiedlichsten Lösungsansätzen ausgesetzt hat, ohne dass wir der Beantwortung seiner zweiten Frage – ob das Waldhorn die deutsche Seele repräsentiere – nähergekommen wären. Vielleicht wissen Joseph von Eichendorff oder Heinrich Heine Rat. Kaum jemand hat das Waldhorn häufiger und inniger besungen als diese beiden Romantiker. Zuerst: »Anklänge« aus *Sängerleben* von Joseph von Eichendorff:

Vöglein in den sonn'gen Tagen!
Lüfte blau, die mich verführen!
Könnt ich bunte Flügel rühren,
Über Berg und Wald sie schlagen!

Ach! es spricht des Frühlings Schöne,
Und die Vögel alle singen:
Sind die Farben denn nicht Töne,
Und die Töne bunte Schwingen?

Vöglein, ja, ich lass das Zagen!
Winde sanft die Segel rühren,
Und ich lasse mich entführen,
Ach! wohin? mag ich nicht fragen.

Ach! wie ist es doch gekommen,
Daß die ferne Waldespracht
So mein ganzes Herz genommen,
Mich um alle Ruh gebracht!

Wenn von drüben Lieder wehen,
Waldhorn gar nicht enden will,
Weiß ich nicht, wie mir geschehen,
Und im Herzen bet ich still.

Könnt ich zu den Wäldern flüchten,
Mit dem Grün in frischer Lust
Mich zum Himmelsglanz aufrichten –
Stark und frei wär da die Brust!

Hörnerklang und Lieder kämen
Nicht so schmerzlich an mein Herz,
Fröhlich wollt ich Abschied nehmen,
Zög auf ewig wälderwärts.

Ganz anders der Kollege Heine. Beim *Gespräch auf der Paderborner Heide* fiel ihm 1821 der folgende Dialog ein:

»Hörst du nicht die lust'gen Töne,
Wie von Brummbass und von Geigen?
Dorten tanzt wohl manche Schöne
Den geflügelt leichten Reigen.«
»Ei, mein Freund, das nenn ich irren!
Von den Geigen hör' ich keine;
Nur die Ferklein hör' ich quirren,
Grunzen hör' ich nur die Schweine.«
»Hörst du nicht das Waldhorn blasen?
Jäger sich des Waidwerks freuen?
Fromme Lämmer seh' ich grasen,

Schäfer spielen auf Schallmeyen.«
»Ei, mein Freund, was du vernommen,
Ist nicht Waldhorn, nicht Schallmeye;
Nur den Sauhirt seh' ich kommen,
Heimwärts treibet er die Säue.«

Als diese Gedichte entstanden, war die deutsche Seele auf dem Höhepunkt ihrer Wirkungsmacht, Robert Schumann hatte das Waldhorn als »die Seele des Orchesters« bezeichnet, und dichtende deutsche Waldhornisten säumten die Wanderwege von Niebüll bis Freilassing. ---

Was willst auf dieser Station
So breit dich niederlassen?
Wie bald nicht bläst der Postillion,
Du musst doch alles lassen.

AUS DEM YENSEITS

Gab es zu Eichendorffs und Schumanns Zeiten schon Orchestertourneen, Konvois aus Postkutschen mit Pauken, Kontrabässen und Harfe auf den Wagendächern und dem Dirigenten auf dem Kutschbock, gleich neben dem Postillion? Aufzeichnungen über Konzertreisen größerer Orchester aus der Zeit vor der Motorisierung des Transportwesens waren jedenfalls nicht aufzufinden, ebenso wenig ist überliefert, ob ein Berliner Sinfonieorchester jemals auf dem Landweg z. B. nach Japan gereist wäre. Mein Kollege Dieter, Bratschist, Wanderer und leidenschaftlicher Bahnfahrer, ist zwar einmal auf eigene Faust zu Zeiten Karajans mit der Transsibirischen Eisenbahn über Wladiwostok zum Dienst nach Tokio gereist (und hat wahrscheinlich eine Anzahl von Proben verpasst), aber das ist eine erwähnenswerte Ausnahme geblieben. Wie es 200 Jahre nach Verklingen der letzten Posthornsignale auf einer Japan-Tournee zugeht, steht im nun folgenden Reisebericht, den ich als weiteres Nebenprodukt philharmonischer Schreibarbeiten für unser Orchestermagazin verfasste:

Wenn man bloß wieder wüsste, was »Milch« heißt … Die japanisch gesprochene englische Version lautet »Miruku« *(Milk)*, wobei man das U nicht ausspricht und der Aussprache des »R« bzw. »L« eine gesonderte Studienreise widmen müsste, aber jetzt brauchen wir erst einmal Kaffee *(hoto kohi)*, um wenigstens halb so wach zu werden wie unsere im Hier und Jetzt verankerten Nachbarn in dem kleinen Café in einem Stadtteil, den man schon dem Taxifahrer zuliebe *ßusskino* aussprechen sollte, damit er nicht versehentlich ins Gebirge fährt. Hokkaido ist gebirgig, Sapporo die wichtigste Stadt und Susekino ihr quirligstes Viertel.

Sir Simon bringt Magnus Lindberg, den Komponisten des ersten Abendwerkes, mit auf die Bühne und ermuntert ihn, dem Publikum zu erläutern, was er sich bei seinem Stück *Aura* gedacht hat. Die Aufführung bestärkt die angenehm überraschten Zuhörer in der frisch gewonnenen Überzeugung, dass man nicht jede Japanreise mit der *Freischütz*-Ouvertüre beginnen muss.

Zur Belohnung folgt nach der Pause zunächst Debussys *La Mer.* Bereits im ersten Satz hält eine spielentscheidende Harfensaite die enorme Spannung des Abends nicht aus, reißt mit einem unangenehm endgültigen Platzlaut und wird von Marie-Pierre in einem bewundernswerten Montageakt ausgetauscht. Ein Abend der besonderen Note also für das Publikum, das solche Verwerfungen eher außerhalb des Konzertsaales gewohnt ist. Willkommen in Japan! NIHON-E YOKOSSO IRASHAI-MASHTA!

Die nächste Tourneestation *Okayama* liegt zwei Flugstunden südlich von *Hokkaido* und ist der einzige mir bekannte Konzertort, der mit Okay anfängt. Während der Zugfahrt im lichtschnellen, klinisch sauberen und alle paar Minuten von einer Minibar durchrollten Shinkansen über Kyoto nach Kanazawa frage ich mich nicht zum ersten Mal, warum unsere deutschen Züge nicht auch im angekündigten Bahnsteigabschnitt halten können, von der angekündigten Uhrzeit ganz zu schweigen.

In *Kanazawa* besuchen wir nach einem schildernswerten Marktbummel mit Sir Simon den zauberhaften Kenrokuen-Garten, wo sich unser Auge von der innerstädtischen Beton-Dominanz und das Ohr vom landesweit vorherrschenden Gesang des

Ampel-Kuckucks erholen kann. Dieser stromgefütterte Piepmatz bereichert seine Kreuzungen für die Dauer einer Ampelphase um große oder kleine Terzen, die den japanischen Passanten vor ungewohnten Stilleperioden schützen sollen. Japan ist akustisch gut erschlossen. Als Höhepunkt sensueller Betreuung erlebte ich in einer Solisten-Toilette auf meinen ratlosen Knopfdruck hin einen stereofonen Soundtrack von den Niagara-Fällen, in dessen Schutz ich auch meinen Gedanken über den Begriff »Stilles Örtchen« freien Lauf lassen konnte.

Ankunft in Tokio. Nach 30 Jahren Japan bin ich zum ersten Mal wieder im Imperial-Hotel, gleich bei der Ginza. Wird mich die nette Fahrstuhlführerin wiedererkennen nach all dem Auf und Ab der vergangenen Jahrzehnte?

Tja, Tokio. Hier sollen wir die kommenden zwei Wochen verbringen, eine im Verhältnis zum Gestaltungsangebot angenehm unlösbare Aufgabe, und üben muss man ja auch noch, damit die Aufführungen einen Sinn bekommen. Zwischen Hotelzimmer, Auftrittsort, Sehenswürdigkeiten und Verpflegungsstätten mit sprachtolerantem Bedienungspersonal verbringen wir Dienst-Tage, die mit einem Frühstück beginnen, das der Magen inzwischen nicht mehr als Abendessen empfindet. Sushi oder heiße Miso-Suppe können manche schon morgens vertragen, rohes Pferdetatar ist eher etwas für späte Stunden, in denen Gemüse nur stören würde.

Taguchis muss ich anrufen, Miyashitas auch, Matsuzaki kann noch warten, Miyoko hat geheiratet, Herr Watanabe möchte unbedingt in die Brahms-Probe, dafür zeigt er uns den Toshogu-Schrein in Nikko. Kazuto Watanabe ist »mein« Chronobiologe von der Universität Dokkyo, wo er hobbyweise Horn spielt, wenn er die weißen Testratten beiseitegelegt hat, an denen er ausprobiert, wie lange der Mensch arbeiten kann, wenn Licht brennt. An ihm konnten wir auch beweisen, dass man Japaner *doch* ohne Gewaltanwendung zum Essen einladen kann. Nach *Kamakura* fahren wir auch wieder, wegen des *Daibutsu*. Das Gelände vor diesem Riesen-Buddha aus Stein zählt zu den Plätzen mit der größten Schulklassendichte Japans.

Lars-Michael von den Wienern möchte ich treffen, Stopsi von den Münchnern, Volker aus Bonn ist auch da mit den Stuttgartern; die Chance, in Shinjuku oder Akasaka einem Musiker aus Dresden oder Hamburg zu begegnen, ist zehnmal größer als in Kassel-Wilhelmshöhe.

Zwischen ihren weit auseinanderliegenden Hotels liegt grün, friedlich und erhaben der Meiji-Park, in dem man sich ergehen kann, wenn man sich an den Kollegen sattgesehen hat.

Sie alle und noch viele, viele andere Künstler sorgen rund um den Kalender seit etlichen Jahrzehnten für die Versorgung des japanischen Verbrauchers mit lebenswichtigen kulturellen Botenstoffen. Diese werden in Konzertbauten verabreicht, die akustisch meist vorbildlich, architektonisch oft maßstäblich sind und anscheinend im Jahrestakt aus dem Boden gestampft werden, wenn er gerade nicht bebt. Ein Satz wie »Mahlers *Sechste Sinfonie* brachte den Saal zum Beben«, erhält also in seismologisch reizvollen Regionen eine zusätzliche Bedeutung, womit wir zum eigentlichen Reisezweck kommen, den Konzerten und der Oper *Fidelio.* Dass wir auch hier um unser Leben gespielt haben, brauche ich nicht zu verschweigen. Dass man bei Sir Simon den Adelstitel vor allem am Dirigieren erkennt und nicht am Verhalten im Tourneealltag, finde ich umso erwähnenswerter, an je mehr Gegenbeispiele ich mich erinnere.

Nun aber verlassen wir das Land der aufgehenden Kimonogürtel, ohne dass Sie erfahren haben, wie ein Sesamröster aussieht, wie zermürbend das höllische Rasseln des Pachinko fürs abendländische Gemüt ist, und was Masahiro meinte, als er zum Abschied sagte: »よろしくお願いします、親愛なる友人!« (Yoroshikuonegaishimasu, shin'ainaru yūjin!)

*

Hätte ich in jedem Jahr seit meiner ersten Tournee nach Japan – mit der Bayerischen Staatsoper 1974 – wenigstens **ein** japanischesWort gelernt, könnte ich heute schon auf ein Repertoire von fast 50 Begriffen zurückgreifen. So aber bleibt mir neben meiner zunehmend beschämenden Ahnungslosigkeit die tröstliche Gewissheit, zahlreiche japanische Konzertbesucher mit selbstverlesenen Ansagetexten erheitert zu haben. Die verantwortlichen Konzertveranstalter bei Reisen der Acht Hornisten, des Blechbläserquintettes, des Salonorchesters oder anderer Nebenerwerbsgruppierungen, sorgten durch strenge Kontrollen dafür, dass die Heiterkeit des Publikums nicht allein durch meine fehlerhafte Aussprache, sondern vor allem durch die hohe Qualität der Pointen hervorgerufen wurde. Diese Pointen verdanke ich meinem alten Freund Mitsunobu Ishikawa, emeritierter Germanistik-Professor an der Kyoto University, der durch Publikationen wie *War Wieland der Schmied ein Weiser?* hervorgetreten war und nun im Garten seines Hauses im für seine Schönheit preisgekrönten Dörfchen Sakamoto – am Fuße des Mount Hiei gelegen – meine Moderationstexte in ein zwerchfellgerechtes Japanisch übertrug, während seine Frau Saskia in der Nähe eines nahegelegenen Wasserfalles frische Verse für die Deutsche Haiku-Gesellschaft in Vechta ersann. Meine eigenen japanischen Reimversuche beschränkten sich auf die Vertonung von U-Bahn-Stationen im Raum Osaka oder Tokio auf der Grundlage des offiziellen Streckennetzes. Dieser Fahrplan liest sich wie ein überseeisches Silbenrätsel und ist gleichzeitig eine ebenso aufregende wie anspruchsvolle Zungenübung, eine »Studie der melodiegebundenen Mehrsilbigkeit«, wie Kowalewitz es nennt. Hier also die Schnellsprechpolka mit Bahnhöfen aus dem

Verkehrsnetz von Tokio. (Ein einleitendes »Umpa-Umpa« wird als Hilfe bei der Tempofindung empfohlen):

Nishi-Takashima**daira**,
Takashimadaira, Nishi**dai**,
Kasumigaseki, Take**bashi**,
Nihonbashi, Ginza, Ochi-**ai,**
Takadanobaba, Ide**bashi**,
Nishi-Funabashi, Toyo-**Choo**:
Edogawabashi Kiba
Shin-o-chano-mizo Hiroo
Shinagawa Nezu Naka**no** –
Edogawabashi Kiba
Shin-o-chano-mizo Hiroo
Shinagawa Nezu Naka**no** –
Hai!

[Wer das Stück vorgetragen sehen möchte, bemühe den nachfolgenden Link: https://de-de.facebook.com/BerlinPhil/videos/our-one-and-only-resident-poet-for-life-klaus-wallendorfenjoy-a-taste-of-his-inc/10154275532519691]

Um neuerlichen Beschwerden aufmerksamer Bahnreisender zuvorzukommen, möchte ich an dieser Stelle darauf hinweisen, dass einzig der Bahnhof Shinagawa **nicht** zum Tokioter U-Bahn-Netz, sondern zur Yamanote Line und damit zur Staatsbahn »Japan Rail« gehört.

LIPPENBEKENNTNIS UND ÜBETIPPS

Wer die oben abgedruckte Polka in zügigem Tempo aufsagen kann, erfüllt nun schon eine der vielen Voraussetzungen, die ein Hornist auf dem Weg zur Vervollkommnung benötigt: eine schnelle Zunge.

Bleiben wir also noch ein wenig beim Horn und seinen global waltenden Nebenaspekten.

Ausnahmslos alle **asiatischen** Teilnehmer unserer Instrumentalkurse wollen wissen, ob sie das richtige Mundstück benutzen – und wie man hohe Töne spielt. Als ob ich das wüsste! Aus den folgenden, tagebuchartigen Notizen spricht die tiefe Ratlosigkeit, mit der sich ein Hornist zeitlebens abfinden sollte, wenn er im Baum des Hornistenlebens auf einen grünen Zweig kommen möchte:

»Der Klang des Horns ist weich, warm und rund wie ein Kuhfladen auf der Seiser Alm, aber auch heldisch und imposant wie eine Porschehupe im Abendstau.«

Bevor er sich die Berechtigung erblasen hat, diese hymnische Bewertung auch auf das eigene Spiel anzuwenden, sollte der Hornist sich darüber im Klaren sein, dass 99 % seiner Zunftgenossen für die Dauer ihrer Beschäftigung mit dem geliebten

Instrument auch mit dessen unvorhersehbaren Tücken zu kämpfen haben werden.

Düsseldorf, den 11. März 1961

Jürgen P. hat mir zugeredet, das stimmt. Aber wenn ich geahnt hätte, was für ein widerborstiges Instrument mir da in die Hände gefallen ist, hätte ich mein Interesse daran gar nicht erst bekundet! Die Töne, die ich ins Mundstück hineinblase, haben oft keine Ähnlichkeit mit denen, die den Schallbecher verlassen, und sobald sie an die Öffentlichkeit gelangen, klingen sie offenbar so, dass Frau B. aus dem 2. Stock bei uns klingelt und fragt, ob wir Hirsche in der Wohnung hätten. Noch klingen nicht alle meine Horntöne so, als würde ich mal von ihnen leben können.

3. Juli 1976:
Aus dem Feuilleton des Würmtaler Merkur

»Wenn der Hornist einen Ton nicht ganz perfekt anbläst, drängt sich gern eine unerwünschte Nachbarnote zwischen Zunge und Mundstück und verursacht in diesem Niemandsland zwischen Absicht und Ergebnis eine kleine, schluckaufartige Entladung, eine tonale Fehlzündung, die Kiekser genannt wird. Seine flächendeckende Verbreitung bis in höchste Kreise hinein bewahrt Hornisten weltweit davor, sich auf ihre Kunst allzu viel einzubilden. Gleichwohl empfiehlt sich der Aufbau eines hohen Selbstwertgefühls, denn übertriebene

Demut vor der Materie begünstigt wiederum das Aufkommen instrumentaler Fehlleistungen und kann sogar zum gefürchteten Espenlaub-Effekt führen.
Kiekser bedürfen keiner Vorbereitung und gelingen von ganz allein. Was man sich hingegen erarbeiten muss, sind vom Komponisten vorgeschriebene stilistische Nebeneffekte wie Triller, Pralltriller, kurze und lange Vorschläge, Doppelschläge oder Mordente. Wenn man diese Verzierungen so meisterhaft ausführt, dass sie nicht wie Kiekser klingen, ist man auf dem Weg zum vollendeten Hornspiel einen großen Schritt weiter. Wenn alle günstigen Umstände zusammentreffen, ist Hornspiel ein reines Vergnügen, sogar für den Ausübenden.«

12. Juli 1999,
Hochsitz bei Gersbach nahe Weitramsdorf
(Coburger Land)

6 Uhr 15, die Lichtung liegt im erstarkenden Glanz eines wolkenlosen Sommermorgens vor mir. Von meinem Hochsitz aus sehe ich, wie sich ein junges Reh anschickt, das schützende Waldesdunkel zu verlassen. Schon setzt es in großen Sprüngen durch das taufeuchte Gras. Das ist der Moment: Ich setze das Fürst-Pless-Horn an die Lippen und drücke ab. Es wollt' ein Jägerlein jagen – dreiviertel Stunde vor Tagen *schallt, nein, dröhnt es in ventilbetriebenem F-Dur aus dem konisch gewundenen Messingbecher meines Hörn-*

chens und streckt das wackere Tier zu Boden. Irgendwo **muss** *man ja üben, denke ich und fahre fort:* Der Tag bricht an, die Jagd geht los, ja horrido, ja ho! *Angelockt von meinen waidgerechten Signalen, läuft mir bald ein Wild ums andere vors Mundrohr. Kaum ist das Echo meiner Tonfolgen aber verklungen, erhebt sich's wieder und stiebt davon – nicht selten im Rhythmus des* Freischütz-*Jägerchors.*

Maria Alm, 15. August 2013

Heute Nachmittag wieder zwei Stunden im Freien geblasen. Am Ufer der Wilden Urslau gibt es Richtung St. Bartholomä einige brausende Stromschnellen, neben denen ich fortissimo *üben kann, ohne Rotwild zu verunsichern. Ich spielte heute spaßeshalber ausschließlich atonale Improvisationen, weil ich einmal ausprobieren wollte, inwieweit sperrige Tonfolgen zum Charme einer hochsommerlichen Gebirgslandschaft passen. Ein Alpenpanorama muss auch mal ohne Königsjodler auskommen. Zufällig hörten mich einige Wanderer aus unserem Hotel, denn sie fragten mich beim Abendessen nicht ohne Bewunderung, ob ich vielleicht Mitglied des Ensemble Modern sei und für ein Konzert geübt hätte. Besonders meine Flatterzungenpassagen und die gestopften Naturtöne hatten sie schwer beeindruckt. Morgen spiele ich aber wieder den Erzherzog-Johann-Jodler.*

Athens Hilton Hotel, Zimmer 622,
1. Mai 2015:

Dass sich in meinem Schallbecher heute Morgen die Akropolis spiegelt, gibt meinem Einspielritual eine gewisse mythologische Größe. In vier Stunden werden wir das TV-Europakonzert mit dem Hornquartett aus Rossinis Semiramis-Ouvertüre *eröffnen und mit rauschenden Es-Dur-Kaskaden aus Schumanns* Rheinischer *beenden. Der erhabene Blick auf den griechischen Bilderbuchtempel kontrastiert beträchtlich mit meiner gewohnten Beklommenheit angesichts einer Serie von hohen Tönen, deren missglückte Ausführung mir den Tag ruinieren könnte. Dieses Gefühl kennt jeder Hornist im Erdenrund, es sorgt für Bodenhaftung und dämpft die Hybris. »Horn ist schwerer, als es wiegt«, sagte einst mein Lehrer Paul W., als ich nach ein paar fehlerfreien Tonfolgen schon von den Berliner Philharmonikern fantasierte. Die Obertöne liegen halt zu eng beieinander. Wenn also der unerfahrene Tonschütze beispielsweise ein zweigestrichenes Fis aufs Korn nimmt und im Vertrauen auf sein Trefferglück mitten ins Rudel zielt, wird er sich wundern, wie viele in der Nähe stehenden Obertöne er ebenfalls niederstreckt. Vielleicht ist so der Begriff »Wunderhorn« entstanden.*

FÜRST PLESS AUF DEN SPORADEN

Um die Trefferquote zu erhöhen, wurden weltweit Übemethoden ersonnen, die fehlerloses Hornspiel zum Ziel hatten und dadurch sozusagen im Ansatz scheitern mussten. Da aber auch bei diesen Versuchen der Weg das Ziel ist, habe ich mein Übehörnchen auf so manchen Wanderwegen mitgeführt und die entsprechenden Wegstrecken hin und wieder in mein Übebüchlein eingetragen.

Dieser noch lange nicht vollständige Weltübeführer – *The Hornists' Guide through the Miraculous World of Outdoor Practicing* enthält eine Aufzählung und Klassifizierung der erinnernswertesten Orte, an denen ich im Laufe der vergangenen Jahrzehnte geübt habe. Der Führer umfasst alle fünf Kontinente, allerdings bin ich in Afrika nicht südlicher als Marokko gekommen; das »Horn von Afrika« blieb unbespielt.

Das Zustandekommen eines solchen Übeführers verdankt sich der oft bitteren Notwendigkeit, dass der fahrende Musikant möglichst jeden Tag ein gewisses Pensum an Konditionstraining ableisten muss, um die stündlich abrufbare maximale Leistungsfähigkeit seiner Lippenmuskulatur nicht aufs Spiel zu setzen. Den Schauplatz seiner spielerischen Bemühungen kann er selbst aussuchen, dabei bietet ein

Hochsitz im Bregenzer Wald natürlich mehr fürs seelische Wohlbefinden als unsere kargen städtischen Übekeller.

Das große Profi-Doppelhorn kommt aus Gewichts- und Abmessungsgründen für den ambulanten Übe-Parcours nicht infrage. Der reisende Waldhornist schaffe sich also zu Beginn seiner Laufbahn – z.B. aus den Einnahmen seines ersten Bühnenmusikhonorars – ein Übehörnchen an, das in einen kleinen Wanderrucksack passt. Hierfür empfehlen sich ventilbetriebene Modelle gegenüber den ventillosen Exemplaren, die das Überepertoire um die Anzahl

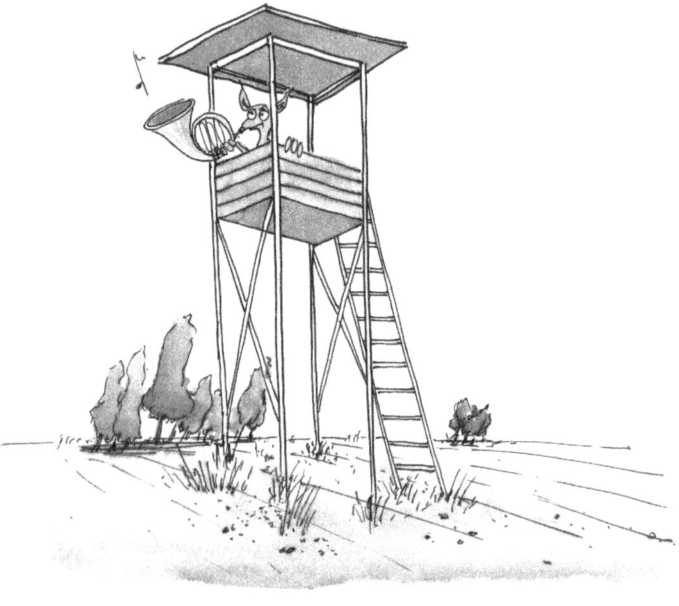

von Halbtönen verringern, die gerade unsere Lieblingsmelodien so hörenswert machen. Auf meinem Modell steht »Fürst Pleß« eingraviert, ein Hinweis auf den adligen Entwickler und die jagdliche Herkunft des Instrumentariums.

Als Probebühne für die anfänglichen Überei(h)en im Inland empfiehlt sich der klassische Hochsitz, auch Jägerstand genannt. Meine akustisch und landschaftlich reizvollsten Impressionen stammen von solchen hölzernen, meist am Waldrand oder mit Aussicht auf Lichtungen errichteten Verweilplattformen, und besonders gern besteige ich den offenen Holzsitz bei Ummerstadt/Coburger Land, den geschlossenen Verschlag mit Schießscharte und angenehm saugfähiger Akustik in der Nähe von Gersbach oder meinen fast kippsicheren Liebling bei Mamhofen in Oberbayern, zwischen Unering und Oberbrunn gelegen, von dem aus ich heute noch die Äsezentren einiger Rotwildfamilien im westlichen Münchner Umland mit selbst entworfenen Signalen beschalle. Außerhalb Deutschlands, Österreichs und der deutschsprachigen Schweiz ist eine auswahlfähige Hochsitzdichte nicht gewährleistet. Schon im Südtiroler Teil Italiens fällt das unangenehm auf, und mehr als einmal war ich hier gezwungen, auf Pflöcken von Weidezäunen Platz zu nehmen oder gar im Stehen zu üben.

Im Mittelmeerraum wird man Jagdstände gar nicht erst suchen, aber hier bietet sich eine unerschöpfliche Fülle atemberaubender Ausweichmöglichkeiten. Auf der Sporaden-Insel Skopelos beispielsweise genügt ein zwanzigminütiger Abstieg in die unbevölkerte Felsenregion der ruhigen Ostküste, um zwischen Vogelnestern und Tauchernischen einen uneinsehbaren Übeplatz mit gediegenem Meerblick zu finden, an dem es sich stundenlang ungestört und mit Bräunungsgarantie üben lässt. Unvergesslich jener Augustmorgen, an dem sich die Schallwellen meiner Etüdensammlung mit jenen einer ungeheuren Schiffssirene kreuzten.

Im Westteil von Kreta fand und nutzte ich ein bis dahin nicht erhörtes dreifaches Echo, dessen einzige Ohrenzeugen eine Herde gehörnter Ziegen war, die mir noch stundenlang in Hörweite folgte.

Im Regenwald von Queensland – in der Nähe der Binna Burra Lodge – musste ich auf der Suche nach einem bespielbaren Übeplätzchen eine leibhaftige Pythonschlange überqueren, die sich unmittelbar vorher und mitten auf dem Wandertrail ein abendfüllendes Opossum einverleibt hatte und dadurch in ihrem Jagdinstinkt wohl eingeschränkt war. Erst nach weiteren hundert Metern wagte ich mich zu postieren und zur Anregung ihrer Darmtätigkeit einige abführende Sequenzen in ihre Richtung zu blasen.

Die Frage, ob einer Python überhaupt Darmtätigkeiten im herkömmlichen Sinne zu Gebote stehen, hat mich noch lange beschäftigt, ist aber – wie so vieles – unbeantwortet geblieben.

IGLU, SCHMETTERLING UND TUSSIS

Auch die Berliner Philharmonie, in die wir nun wieder zurückkehren, steckt erstaunlicherweise voller unerschlossener Übemöglichkeiten. Bei der Saalverwaltung reservieren lassen kann man sie indessen nicht, die zahllosen Nischen, Schleusen, Zellen, Kabinen, Unterstände, Nester, Brüstungen, Balkone, Vorsprünge und übrigen unklassifizierbaren Hohlräume, die vielleicht einmal als grafische Unachtsamkeiten wie verrutschte Bleistiftmarkierungen in Scharouns Bauskizzen auf die Welt kamen ... und nur *Jörg* bekannt sein dürften, der als Sohn der Notenarchivarin Gabi hier aufwuchs, die Besonderheiten seiner philharmonischen Kindheit und Jugend aber nicht in einen musischen Beruf, sondern in eine Laufbahn als Feuerwehrmann überführte.

Ein anderer Mann, der das Bauwerk – in diesem Fall den benachbarten Kammermusiksaal – nach Trapperart durchstreift hat, ist der britische Komponist Benedict Masons, der unserer Horngruppe einmal ein Werk mit dem Titel *Igloos, Inclines, Isograms* zueignete. Um es zu konzipieren und aufzuführen, musste er Räume untersuchen, die vermutlich nie zuvor jemand betreten hatte. Als Conférencier des Konzertes hatte ich für diese (Ur-)Aufführung eine Ansage vorgesehen, die sich

Masons aber unter Hinweis auf den dadurch verschenkten Überraschungseffekt verbat. Recht hatte er. Aber die Ansage möchte ich trotzdem einmal irgendwo unterbringen. Ich hatte zwei Fassungen vorbereitet:

> **Fassung 1)** *Jeder weiß, was ein* Iglu *ist. Bei dem Begriff* Incline *kommt man mit seinen herkömmlichen Englischkenntnissen schon ins Straucheln, wenn man nicht weiß, dass hier eine* Schräglage, *eine* Neigung *oder gar eine* Standseilbahn *als Titelgeber dienen.*
> *Das* Isogramm *hingegen ist ein Wort, in dem alle verwendeten Buchstaben gleich oft vorkommen, also laut Wikipedia z. B. Heizölrückstoßabdämpfung, Zylinderkopfwachstum oder Malzwhiskyduftproben.*
> *Unter den vielen beziehungs- und fantasiereichen Titeln, mit denen die zeitgenössischen Komponisten um Aufmerksamkeit werben, ist also* Igloos Inclines Isograms *schon vom Wortklang her ein sprachlicher Hingucker.*
> Igloos Inclines Isograms – *von Benedict Mason.*
>
> **Fassung 2)** *Für die Aufführung des nun folgenden Werkes ist nicht nur der Komponist völlig neue Wege gegangen – auch uns Hornisten hat Benedict Mason zur Verwirklichung seiner gestalterischen Fantasien in Seitengänge, Kellerwinkel und Nebenfoyers der Philharmonie geschickt, die*

keiner von uns je zuvor betreten hatte. Während der Proben, die zunächst vorwiegend aus ratlos suchendem Hin- und Hergetappe bestanden, entwickelten einige von uns einen richtigen kleinen Gebäudekomplex.
Während wir den geschriebenen Anweisungen auf der Marschgabel und den in unsere Kopfhörer gesprochenen Kommandos der GPS-artigen Navigationshilfen zu folgen versuchten, gerieten nicht wenige von uns versehentlich auf unbespielbares Gelände. An jeder Gangbiegung waren wir darauf gefasst, auf die knöchernen Überreste vermisster Konzertbesucher zu stoßen, die sich vielleicht schon Ende der Sechzigerjahre in froher Erwartung eines postkonzertanten Abendschoppens rettungslos im Labyrinth der Scharoun'schen Fluchtwege verirrt hatten.
Seien Sie also froh, meine Damen und Herren, wenn Sie in Zukunft unseren Kammermusiksaal unverschollen wieder verlassen können. Gehen Sie nach Möglichkeit nicht allein ins Konzert, nehmen Sie ausreichend Verpflegung mit und öffnen Sie keine unbeschrifteten Türen.
So dankbar wir dem Komponisten nun sind, dass er uns mit seinem Werk akustisches und geografisches Neuland erschließt, so neugierig sind wir doch auch, ob jeder von uns die vorgeschriebenen Einsatzorte dieses anspruchsvollen Parcours überhaupt erreichen und nach Abstrahlung seiner Signale wieder rechtzeitig verlassen wird.

Sobald alle erforderlichen Türen geöffnet sind, schließe ich den Mund – für Igloos Inclines Isograms, *oder auch: Wandertag, von Benedict Mason.*

*

Solche Texte hätte ich wegen ihrer thematischen Originalität gern viel öfter vorgelesen als die Würdigungsverlautbarungen, die in den vergangenen 30 Jahren meine durch Freikarten honorierten Hauptaufgaben darstellten.

Besonders wenn man Kollegen auf individuelle Weise bedichten soll, mit denen man mangels nennenswerter gegenseitiger Kenntnisnahme durch Dutzende von Spielzeiten kaum ein gehaltvolles Wort gewechselt hat, helfen nur herzlich empfundene Floskeln von gemütserwärmender Beliebigkeit und halbwegs ansprechender lyrischer Virtuosität. Leichter fallen also Würdigungsoden für Musiker, denen man privat verbunden ist, oder für solche mit hervorhebenswerten Steckenpferden wie Lepidopterologie oder Coleopterologie – Käfer- und Schmetterlingskunde. In angemessenem Abstand zu den Gedichten Eichendorffs und Heines wage ich, die Ode zur Verabschiedung meines Kollegen, früheren Wanderpartners und Wohnungsgebers Rainer Seegers hier zur Begutachtung freizugeben, nicht ohne auf die Tatsache hinzuweisen, dass sich mit Rainer ausgerechnet der Betreiber des lautesten Orchesterinstrumentes, der Pauke, in seiner Freizeit den leisesten aller Insekten widmet, nämlich toten Schmetterlingen, die noch dazu zu den Wirbellosen zählen, während der Pauker auf seine Wirbel mehr als jedes andere Lebewesen angewiesen ist, jedenfalls bis zum Erreichen der Altersgrenze.

Verehrte Damen, werte Herr'n,
Ihre Begeist'rung spür'n wir gern
und bitten nun für kurze Zeit
noch um ein wenig Achtsamkeit
für eine kleine Prozedur,
die das Orchester selten nur,
doch um so würdiger vollzieht,
je mehr man auf den Anlass sieht.

Verehrter Solopauker Rainer!
Du hast erneut – beseelt wie keiner –
mit nobler Schlagkraft, Eleganz
und einfühlsamer Dominanz
dich durchs Konzertprogramm geschlagen
und mit Bravour in allen Lagen
dafür gesorgt, dass Qualität
in diesem Hause sicher steht.
Dein Leben lang hast du gezeigt,
wie man auf Pauken klingend schweigt
und wie man ein Crescendo zündet,
bevor es in den Wirbel mündet,
mit dem wir unter deinen Händen
den Hörgenuss mit Glanz beenden.

Beenden – Rainer – musst du nun
dein Klingenlassen und dein Tun.
Die dienstgebund'ne Trommelei
ging mit dem letzten Ton vorbei,
und fortan kannst du dich den Rhythmen
lautloser Flügelschläge widmen,
mit denen deinen Schmetterlingen
so zarte Taumelei'n gelingen.
Denn ist es nicht, o Publikum,
ein Wunder, ein Miraculum,
wenn Paukers Herz für Wesen schlägt,
die nur ein Hauch durchs Leben trägt?

Dich – Rainer – prägten Sinfonie
und Lepidopterologie.
So könnte man dein Tun und Lassen
in einem Satz zusammenfassen.
Nun steht bei wechselndem Dekor
dir eine bunte Zeit bevor,
und mit uff Kölsch jeschürztem Mündschen
woll'n wir dir allet Jute wünschen,
denn früher schlug dein Metronom
beim WDR am Kölner Dom,
und jetzt ganz preußisch-ernst zu scheiden,
woll'n wir um Jottes Will'n vermeiden!
Ich weiß, du lässt dir solche Riten
wie diese hier nicht gerne bieten,
doch dürfen wir dir nicht verhehlen:
verehrter Rainer, du wirst fehlen,
und noch für ferne Zeiten weißte:

gepaukt wird hier in deinem Geiste!
Dies – Rainer – war der Abschiedsvers.
Bewund'rung, Dank, Respekt … das wär's.

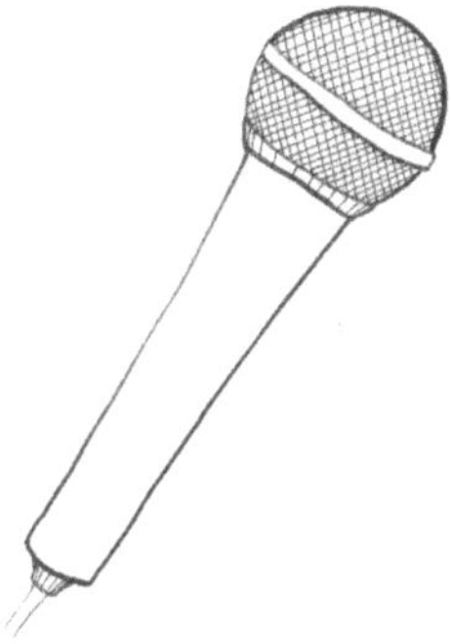

Dieses Modellbeispiel verschriftlichter Heldenverehrung durfte ich am Ende eines live übertragenen Konzertes im Großen Saal der Philharmonie vorlesen und kann es nun womöglich bis ans Ende meiner Tage abrufen. Meine Ansagen für die Kinoübertragungen der Digital Concert Hall wurden aber meines Wissens nicht archiviert und sind gekürzt in einzelnen Kostproben wie der nun folgenden in diesem Kompendium vertreten:

Nikolausabend 2012

»Statt uns in die bis zum Überdruss weihnachtlich eingefärbte Endlosschleife von flächendeckenden musikalischen Lametta-Entladungen einzu-

reihen, mit der wir bittere Wochen hindurch aus allen denkbaren Schallquellen zugeballert werden, präsentieren wir Ihnen eine jahreszeitlich unabhängige Kollektion von teils locker, teils symphonisch zusammenhängenden Einzelsätzen, die es in der Musikgeschichte schon zu etwas gebracht haben.
Wieder haben es mein Kollege Georg und ich am 3. und 4. Horn mit einer nervenschonenden Auftragslage zu tun. Wir haben überhaupt nur in der Vierten Sinfonie von Franz Schubert zu spielen, und auch da nicht in allen Sätzen. Den Rest des Abends verbringen wir in unserer Kantine, wo auch die übrigen Musiker ihren Auftritten entgegenfiebern. Das Gros der heutigen Besetzung geht währenddessen auf dem Podium ihrer zum Beruf gewordenen Leidenschaft nach.
In der Kantine ist es heute schön ruhig: kein Chor, keine Solisten, die meisten Kollegen sind auf der Bühne. Aber wegen der abenteuerlichen Kürze der zwei Suiten von Strawinsky und wegen des komplizierten Besetzungsprofils muss der wartende Musiker schon sehr aufpassen, neben welchem Instrumentalkollegen er das Getränk bestellt, über dessen Genuss er seinen Auftritt nicht verpassen will.
Vielleicht ein paar Zahlen für Interessierte: aus den Federn dreier Komponisten bieten wir heute vier Werke mit je vier Sätzen in zwei Konzerthälften für Sie auf, nämlich 16 Einzelsätze von sehr

unterschiedlicher Spieldauer. Der längste aller acht Sätze aus den zwei Suiten für kleines Orchester von Igor Strawinsky dauert grade mal zwei Minuten, jeder der vier Sätze aus der 2. Suite dauert nur eine Minute. Das bedeutet auch, dass die Konzerthuster unter Ihnen, meine Damen und Herren, heute Abend mehr Gelegenheit denn je erhalten werden, sich in den zahlreichen Satzpausen im Rahmen der öffentlichen Zumutbarkeit zu entfalten.«

Störgeräusche

Der gemeine Konzerthuster *(Tussis Publica)* gehört zusammen mit dem Mobiltelefon und dem Hörgerät zu den bedeutendsten Störfaktoren des Konzertlebens und wird mittlerweile von Orchestermusikern, Solisten und Dirigenten mehr degoutiert als überstürzte Beifallsvergabe, demonstratives Türenknallen oder Schnarchgeräusche während zarter Übergänge. Wer als empfindsamer Bühnenkünstler diesen unausrottbaren Heimsuchungen auf Dauer entgehen will, ziehe sich in die ungestörte Vertrautheit seines intimsten Wohnbereiches zurück und empfinde die wahre Größe abendländischer Tonkunst von der Warte des pantomimisch mitgestaltenden Genießers aus, dessen sublimste Verkörperungsform zweifellos der Heimdirigent darstellt.

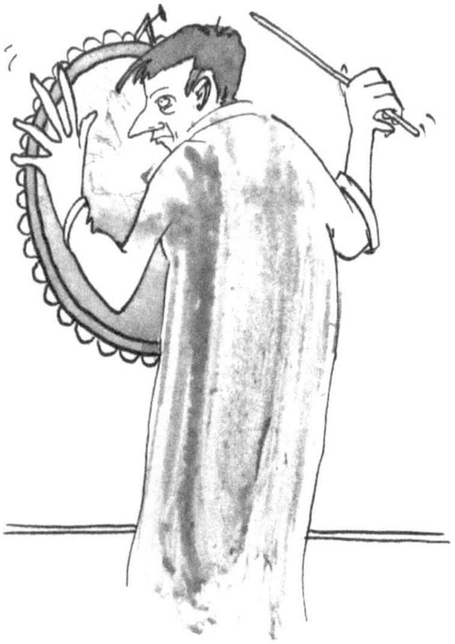

DER HEIMDIRIGENT
(PROSA)

Unter den großen Heimdirigenten unserer Zeit nimmt Vicco von Bülow sicherlich einen Sonderplatz ein, ist es ihm dank seiner Berühmtheit doch gelungen, als Einziger seiner Zunft dem streng häuslichen Wirkungsgebiet zu entrinnen und die leibhaftigen Berliner Philharmoniker in einer öffentlichen Aufführung mit seinem Dirigat zu verwöhnen. (Zur Hundertjahrfeier des Orchesters 1982, Anm. d. Verf.)

Der wahre Heimdirigent wirkt allerdings, wie der Begriff nahelegt, zu Hause in den vier Wänden, die seine Musikanlage umschließen. Er ist nicht von vordergründigen Beifallsbekundungen abhängig, verzichtet von sich aus auf spektakuläre Chefposten oder allgegenwärtige Momentaufnahmen seiner ekstatischsten Körperposen, lebt ganz im Dienste der Musik, nimmt die wechselnde Qualität einander ablösender Interpretationen in Kauf, kann sich eine angestrengte Arbeitsmimik sparen und sogar die Dirigiergesten gänzlich zurücknehmen, wenn sein Gestaltungswille es vorzieht. Der volle Genuss des Heimdirigententums wird erst durch Inbetriebnahme mehrerer größerer Spiegel gewährleistet, die so aufgestellt sein sollten, dass der Interpret sich beim Nachgestalten nicht nur immer von vorn, sondern auch aus der Perspektive des Publikums, also von hinten, betrachten kann. Die »en face«-Perspektive empfiehlt sich im Übrigen vor allem für Heimdirigenten, die im Normalberuf Orchestermusiker sind und den angestrebten Geltungszuwachs daraus beziehen, dass sie sich endlich einmal selbst mit würdig-strengem Blick ins Gesicht sehen können.

Für unerfahrene Heimdirigenten empfiehlt es sich, die Laufbahn mit Werken zu eröffnen, deren Beginn rhythmisch so diffus ist, dass man mit unverbindlich vor sich hin rührenden, weichen Gesten in den Mürbeteig des sich aus der Stille herausschälenden Werkes hineinknetet, bis sich – wie etwa im Falle von Debussys *La Mer* oder nahezu allen Bruckner-Sinfonien – endlich ein markantes Signal zur definitiven Tempoaufnahme abzeichnet.

Ungünstig für Anfänger sind also Werke, die nur nach einem Dirigiereinsatz von präzisester Wucht beginnen können, wie etwa Beethovens *Fünfte*, Strauss' *Don Juan* oder die Ouvertüre zur *Verkauften Braut*, es sei denn, unser wackerer Heimwerker hat sich bereits mit dem Gebrauch eines Countdown-Timers vertraut gemacht, der die Anzahl der verbleibenden Sekunden anzeigt, bevor man den kühnen, beidhändigen Niederschlag äußerster Entschlossenheit anwendet, der selbst ohne Zeugen sehr lächerlich aussieht, wenn er akustisch folgenlos bleibt.

Es liegt in der Natur der Sache, dass der Heimdirigent keinerlei mediale Nutznießung anstrebt – im Gegenteil. Am gierigen Musikmarkt und dessen kommerziellen Verstrickungen vorbei, zieht der *Conductor domesticus*, unbeirrt dem Genuss hingegeben, seine Bahn, je nach räumlicher Lage seines Wirkungsfeldes vielleicht von Zeit zu Zeit durch nachbarliche Klopfsignale an die Nebenwirkungen seiner Bemühungen erinnert.

DER HEIMDIRIGENT (LYRIK)

Wenn Kapellmeister beim Schlagen
ihrer Takte mal versagen
und als wedelnde Gestalten
(anstatt Klarheit zu entfalten)

durch verschwommene Gebärden
Schwung und Präzision gefährden,
dann erhebt sich im Orchester
nachvollziehbares Geläster.

Weil den Hörern meist entgeht,
wer hier wem im Wege steht,
ward die Regel ausgegeben:
spiele blind und um dein Leben,
meide bis zum letzten Takt
jede Art von Blickkontakt,
und bemüh' dich, allen Zeichen
oder Gesten auszuweichen,
die der Dirigent verwendet,
wenn er dir Signale sendet.

Erst daheim, in sich'ren Wänden,
kann ich den Spagat beenden.
Drunten im Beschallungsraum
pfleg' ich meinen Jugendtraum,
steh' im Frack, gekämmt, gestriegelt,
vor dem Schrank, der mich dort spiegelt,
und vollführe im Intimen
konzertante Pantomimen.

Ach, wer zählt die Sternenstunden,
die mit jedem Takt verbunden?
Sie vergingen wie im Flug
aller Funken, die ich schlug,
wenn ich meinem Ebenbilde

zum Gesange der Brünnhilde
innig einen Auftakt gab
mit dem stummen Wünschelstab.

Ob mein Dirigat gelungen,
sei hier besser übersprungen;
solche Art von Eitelkeit
lebt von ihrer Heimlichkeit.
Immerhin: ich zähl' am nächsten
Tag zu der Kollegen frechsten,
weil ich lähmende Komplexe
oder ähnliche Gewächse
schon zu Hause kompensiere,
wenn ich Spiegel dirigiere.

Sind dank solcherlei Paraden
meine Spannungen entladen,
bleibe ich brillierbereit
für den Rest der Probenzeit,
die, bevor er dann enteilt,
unser Chef noch an mir feilt.
Lässig wart' ich hinterm Horne
auf Impulse, die von vorne
frisch und zwingend zu mir dringen
und mich so zum Klingen bringen,
dass das Werk, das nun ertönt,
mich mit meiner Fron versöhnt.

Wunderbar, so muss es sein:
machtvoll fall'n die Streicher ein!

Wenn das Schlagwerk uns umtost,
findet alle Skepsis Trost.
Will ich dann nach den Konzerten
unser Dirigat bewerten,
(seins und meins), muss ich doch sagen:
klarer kann auch ich nicht schlagen,
sodass nun die Frage gilt:
übt auch er mit Spiegelbild?

*

Dirigentenanwärter ohne die räumlichen Möglichkeiten zur Entfaltung als Heimdirigent sind gut beraten, sich so früh wie möglich ein eigenes Orchester als Gestaltungspartner zu suchen. Simon Rattle ist so verfahren und hat in Birmingham neben dem Chefposten beim City of Birmingham Symphony Orchestra von den verständnisvollen Stadtvätern sogar einen repräsentativen Konzertsaal gestellt bekommen. Als man dort nichts mehr voneinander lernen konnte, ging Sir Simon nach Berlin und wurde unser Chefdirigent für die Dauer von 16 Spielzeiten. Etwa zeitgleich mit dieser Ära entwickelten sich die Digital Concert Hall, das Orchestermagazin und die Education-Abteilung zu weltweit bewunderten Aktivposten der Kundenbetreuung jeder Altersgruppe. Hier Benjamin Brittens berühmter *Orchesterführer für junge Leute* in der lyrischen Aufbereitung für Aufführungen in der Arena Treptow:

The Young Person's Guide to the Orchestra

Herzlich willkommen! Ich bin Klaus
und dachte mir die Verse aus,
die wir benutzen, um zu zeigen,
wie ihr beim Instrumentenreigen,
der sich sogleich vor euch entfaltet,
den schönsten Überblick erhaltet.

Wir unterrichten euch noch schnell:
das Thema schrieb Henry Purcell.
Benjamin Britten fand's OK
und nahm sich vor (bestimmt beim Tee),
es gruppenweise aufzuteilen
und jugendfrei zurechtzufeilen.
Zwanzig Minuten dauert's bloß,
dann sind wir durch. Und jetzt geht's los:

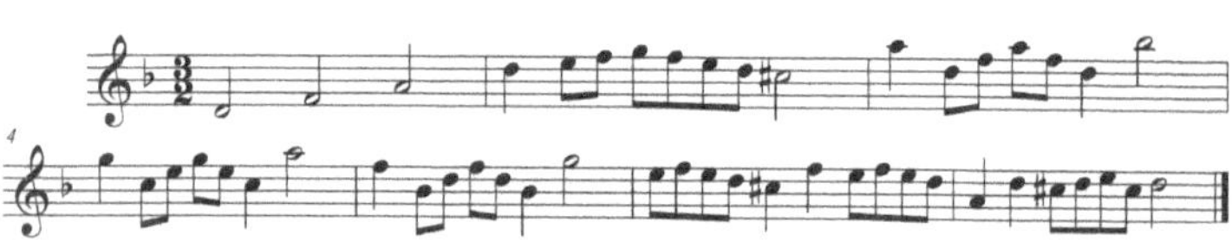

Die HOLZBLASGRUPPE muss beim Spielen
durch Atemluft den Klang erzielen,
den wir in Farben aller Arten
von ihrem Instrument erwarten.

Das BLECH sorgt glänzend, warm und rund
für festliche Erbauung und
soll Melodien, die nicht weit reichen,
auf edle Weise unterstreichen.

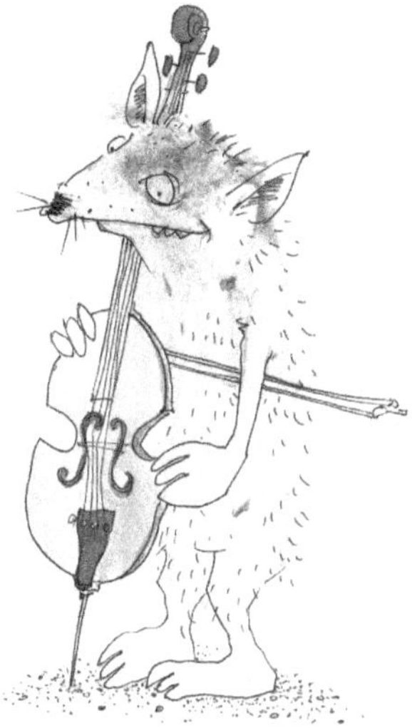

Die STREICHER können im Orchester
mitsamt der HARFE, ihrer Schwester,
durch Zupfen, Schlagen oder Streichen
auf bunten Saiten viel erreichen.
Sie wohnen in der Überzahl
meist gut gestimmt im Saitental
und füttern dort mit Samt und Seide
die Schäfchen auf der Ohrenweide.

SCHLAGZEUGKLÄNGE können wischen,
trommeln, donnern, hämmern, reiben,
sich mit Paukenwirbeln mischen,
zischend voller Vielfalt bleiben,
uns mit Zartheit überraschen,
fürstliche crescendi zünden
und als krönende PERCUSSION
farbenfroh ins Thema münden.

Nun wird euch einzeln vorgestellt,
was diesen Bund zusammenhält:
luftig, quirlig, springlebendig
perlt, was flötet, durch die Lüfte
und verbreitet sanft, doch wendig
hörbar frische Atemdüfte.

Wenn uns Sorgenwölkchen drohen
oder gar ein Traum missglückt,
kann der Balsam der OBOEN
lindern, was das Herz bedrückt.

Samten, tonschön und beweglich,
turnt die flinke KLARINETTE,
gut geölt und mehrmals täglich
mit sich selber um die Wette.

FAGOTTE sind im Unterholz
der Bläsergruppe ganzer Stolz
und soll'n in diesem Rahmen
gewürdigt werden. Amen.

Die GEIGEN oder Violinen,
die stets nur höchsten Zwecken dienen,
sind von der Anzahl her die meisten
und dürfen sich zwei Gruppen leisten.

Versöhnlich ist der BRATSCHEN Klang.
Ernst, würdig und versonnen
scheint hier das Thema taktelang
zum Märchentraum geronnen.

Der CELLOton dringt tief ins Herz,
kann trösten und betören;
zieh'n dann die Tränen himmelwärts,
kannst du sie schimmern hören.

Der KONTRABASS in seiner Güte
zeigt wahre Größe im Format
und hält dem Ohr und dem Gemüte
die tiefsten Einsichten parat.

Von Hand gezupft sind die Signale,
die durch die Tritte der Pedale
der HARFE Saitenspiel verändern.
(Dies gilt in allen Bundesländern.)

Und nun zum Blech: wir fangen vorn
(wie sich's gehört) an, mit dem HORN:
Im tiefen Wald, bevor es tagt
und sich das Wild zur Tränke wagt,

wird es gewarnt – durch HÖRNERschall –
vor Jäger, Tod und Büchsenknall.

TROMPETEN zählen durch ihr Schmettern
zu lackbestäubten Schmetterlingen,
die keck durch die Arena brettern
und züngelnd uns zum Staunen bringen.

Wenn stark und ernst POSAUNEN schallen,
dann weiß der Hörer mit Niveau,
dass irgendwo die Mauern fallen,
wie in Berlin … und Jericho.

Die TUBA spricht: »Die Welt ist tief
und stammt aus einem schwarzen Loch,
aus dem's am Schöpfungstage rief:
wo geht's hier raus? Ich blas' ja noch!«

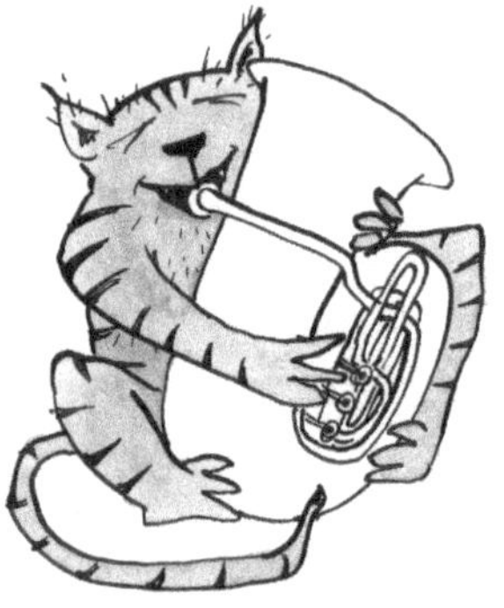

Der PAUKEN und des SCHLAGZEUGS Klang,
die haben mich ein Leben lang
an beiden Ohr'n herumgeführt
und mal geschüttelt, mal gerührt.

Die Zeit verging uns wie im Fluge,
drum hört erneut der Themen Lauf.
Mit Piccolo beginnt's, als Fuge,
und mit dem Tutti ... hört sie auf.

*

Nach dieser reimbetriebenen Orchesterüberquerung verlassen wir unseren Fliegenden Silbenteppich und schließen uns den Kollegen an, die im Prosabereich des Terminals C auf den Weiterflug nach Oslo warten:

FJORDILIGI

Dass Konzerttourneen auch Arbeitsreisen ohne Genussgarantie sein können, erweist sich in der ersten der hier beschriebenen Tourneewochen, in der wir im täglichen Wechsel die fünf skandinavischen Hauptstädte anfliegen, um uns beim jeweiligen Publikum für die anregende Lückenlosigkeit seines Erscheinens mit einem dramaturgisch wohldurchdachten Konzertprogramm zu bedanken. In diesen ersten Tagen lohnt es sich kaum, den Koffer auszupacken, und rückblickend unterscheiden sich unsere Zielorte durch touristische Sekundärmerkmale wie abweichende Positionen der Nachttischlämpchen oder Preisniveau des WLAN-Zugangs in den Hotels, von denen aus wir abends zum Konzert und morgens zum Flughafen aufbrechen:

In **Oslo** wird mir der Zimmeraufenthalt durch Baulärm und Geigenetüden verleidet. Daher verzichte ich auf das eigentlich überfällige Entspannungsnickerchen zugunsten einer grobmaschigen Stadtdurchquerung, die ich im berühmten Grand Café an der Karl Johans Gate beende. Von dort aus sandte mein alter Freund, der Kontrabassist Sven Hauge, in den Sechzigerjahren während der Spielpausen seines Salontrios die Bierdeckelbriefe los, aus denen gewöhnlich der Stand seiner Zuneigung zu einer Sängerin hervorging, die wir während unserer Salzburger Sommerkurse ihrer norwegischen Herkunft wegen ›Fjordiligi‹ genannt hatten. Det har gått lenge. Lang ist's her.

Unser Konzertprogramm beginnt mit György Ligetis *Atmosphères.*

Kaum zu glauben, was einem so durch den Kopf geht, wenn man neun Minuten lang Töne aushalten muss. Der Verfasser hat nämlich diese bläserische Elementarübung als Hauptgestaltungselement des Werkes, eines veritablen Klassikers der Moderne, eingesetzt, mit dem Ergebnis, dass sich das Gehirn der Mitwirkenden wegen eingeschränkter Auftragslage eigene Anreize sucht und je nach Interessen seines Betreibers Ausflüge durch den Archipel seiner

Gedankenströme unternimmt. Das dichte Klanggewebe raunender und flüsternder Pianissimi begünstigt in meinem Fall die Entfaltung wehmutsvoller Hirngespinste. So traumverloren, wie sich die letzten verebbenden Klangschatten der von Franz und Jan mit chirurgischer Behutsamkeit angestrichenen Klaviersaiten mit dem ostinaten Raunen der Saalbelüftung verweben und dann in die wie auf eine Spiegeloberfläche hingehauchten Geigenakkorde des *Lohengrin*-Vorspiels übergehen, so ziehen meine Gedanken ihre Bahnen durch das Urstromtal meiner Erinnerungen an bunt-bewegte Dienstjahre an verschiedenen Opernhäusern, und die dort beschäftigten diensthabenden Schwäne gleiten flügelzwinkernd durch verflossene Spielzeiten, schütteln die Notenhälse und verschwinden im flirrenden Spiralnebel stratosphärisch verklingender Geigenakkorde. Schade, dass Wagner und Ligeti nicht öfter zusammengearbeitet haben.

In **Kopenhagen** empfinde ich das Birchermüsli als übersüßt, außerdem hätte ich mich zu Beginn der *Atmosphères* fast verzählt, das gibt Punkteabzug für Dänemark. Vom Zimmerfenster aus kann ich den oberen Teil eines achterbahnähnlichen Fahrgeschäfts erkennen, das in beängstigend kurzen Abständen Teile der Kopenhagener Bevölkerung in einen Zustand der Schwerelosigkeit katapultiert. Der in Sichtweite gelegene *Tivoli*, Dänemarks Symbiose aus Prater und Disneyland, hat das ganze Jahr geöffnet, und die eisigen Winde unter bleigrauem

Novemberhimmel hauchen der Vermutung Leben ein, dass hier die Stadtväter einen menschenfreundlichen Weg gefunden haben, der dunklen Jahreszeit ein paar bunte Stunden zeitvergessenen Jahrmarkttrubels abzutrotzen.

Im neuen Konzertgebäude von **Helsinki** hat sich die dortige Horngruppe im Handstreich eine komfortable Flucht von Aufenthaltsräumen gesichert, in denen ein elektrischer Wok und ein Humidor für finnische *Cohibas* noch zu den spartanischeren Ausstattungsgegenständen gehören. Heute Abend lädt die Gruppe zu einem *Anti Depression Menu,* das seine scherzhafte Bezeichnung der letzten Endes irrigen Behauptung eines einflussreichen finnischen Musikjournalisten verdankt, wir seien im Zustand tiefster Niedergeschlagenheit zu dieser Tournee aufgebrochen, weil wir ja ursprünglich ins ewig sommerliche Südafrika hätten reisen sollen. So aufregend hätte jedenfalls ein Ausflug in die Kalahari gar nicht werden können, wie das, was uns die finnischen Freunde von den Weidegebieten des lappländischen Hornviehs berichten. Auch Sir Simon ist gekommen und genießt den Aufenthalt in einer Runde, in der er nicht seiner Bedeutung als Weltstar gerecht werden muss.

Am nächsten Abend spielen wir *Jeux* von Debussy. Man benötigt dafür etwa 80 Mitspieler, die sich im Halbkreis vor dem Spielleiter niedersetzen. Dieser zeigt in nur ihm bekannten, unregelmäßigen Abständen mit einem Mikadostäbchen auf einen oder mehrere Mitspieler, die daraufhin bunt markierte

Tonfolgen absondern, die sie auf ein neues Zeichen aber unverzüglich an einen wartenden Teilnehmer weiterreichen müssen. Wer alle seine Noten aufgebraucht hat, darf eine Zeile vorrücken; wer aber seinen Einsatz verpasst, muss eine Runde aussetzen. Gewonnen hat, wer als Erster ohne Fehler den Doppelstrich hinter dem Zieltakt erreicht.

In den kurzen Stunden zwischen Zimmerübernahme und Anspielprobe gelingt es mir anderntags in **Stockholm**, einen kleinen Privatbesuch bei Christoph und seinem Sohn Daniel unterzubringen, unter anderem, um ihr gemeinsam ausgehecktes schwedisches Rentierragout mit Esas finnischem vom Vorabend zu vergleichen. Unsere gruppeninterne Diensteinteilung bringt es wieder mit sich, dass ich nach der Pause Schumanns *Rheinische* nicht mitspiele und die wenigen Reiseeindrücke, die der Tourneeplan zulässt, nun wenigstens um einige Abendimpressionen aus Stockholms Fußgängerzonen erweitern kann. An der Ecke Kungsgatan/Regeringsgatan hält ein Polizeiauto, dem ein drahtiger, kompetent wirkender Zivilist entsteigt. Bei seinem Anblick fällt mir der Buchhändler Mönter ein, der mich zu Beginn einer Lesung aus meinem letzten Buch in Meerbusch-Osterath seinem Publikum als »Herr Wallander« vorstellte.

Ebenfalls im Tourneegepäck: Maurice Ravels Orchestersuite aus *Daphnis et Chloé*. Das Werk ist für mich auch nach den über fünfzig Jahren, die ich es nun schon höre oder spiele, ein immergrüner Zaubergarten, der seine unablässig wechselnden Reize von Aufführung zu Aufführung vermehrt. Schon beim ersten symphonischen Anschwellen des *Lever du Jour* bis hin zu der grandiosen Stelle, die mir in meinem Urlaubsfilm von 1979 zur Untermalung der Szene diente, in der Bärbl aus dem Tretboot kippte, glaube ich die provençalischen Lavendelfelder jenes Sommers wieder zu riechen, und auf mein pünktliches Erschaudern bei Daphnis' Liebeserklärung (Ziffer 173 in der Partitur) könnte ich fernsehtaugliche Wetten abschließen. Frisch wie bei meiner ersten Gelegenheit zur Bewunderung – beim Bundeswettbewerb »Jugend musiziert« im Sommer 1965 – ist auch der Flötenton von Andreas Blau geblieben, der Abend für Abend beifallsumrauscht unter Beweis stellt, dass man einem gediegenen Instrumentalsolo das Alter seines Verursachers nicht anhören muss.

Auf dem Flug von Stockholm nach **Reykjavik** haben wir Gelegenheit, die Uhr um die Stunde zurückzustellen, um die es in Island dunkler ist als anderswo. Lufthansa-Chefsteward Roberto erhöht seinen Beliebtheitsgrad durch die Verabreichung immer neuer Mischungen aus Holunderextrakten und Flugbenzin, und ich genieße die inzwischen selten gewordene Vorfreude auf einen Fleck auf der Landkarte meines Tourneemusikerlebens, der so weiß ist wie die Umgebung des schneeumwehten Rollfeldes, auf dem uns die beiden Pilotinnen unserer airwürdigen Chartermaschine heute niedergleiten lassen.

Als vor einigen Jahren das literarische Hauptthema der Frankfurter Buchmesse Island war, richtete sich eine Zeit lang das Augenmerk der deutschen Leserschaft auf all jene Elfen und Trolle, die seit Jahrhunderten die nordische Sagen- und Geisterwelt beleben.

Die liebenswerten kleinen Wichtel sind begehrte Exportartikel, die – ebenso wie der bei uns weitgehend unbekannte, leider essbare Regenbogenvogel *Puffin* – den Speisekarten und Schaufenstern in der isländischen Metropole entstiegen sein müssen. Die Einheimischen, mit denen ich während unseres gottlob mehrtägigen Island-Gastspiels ins Gespräch kam, scheinen mit ihrer Heiterkeit und Warmherzigkeit das wohltuende Verhaltensmuster ihrer Geysire nachzuleben, denn sowohl im Menschenbad des Konzertgebäudes als auch in der Blauen Lagune von Grindavik umspülen uns Gastlichkeit, Zutraulichkeit und ein Humor, mit dem man Heizkraftwerke betreiben könnte. Das altväterlich-charmante Hotel Borg stellt in der Unwirtlichkeit des 66. Breitengrades eine Oase der Behaglichkeit dar, nach der wir uns fröstelnd während der Besichtigung des eiswindumtosten Gullfoss-Wasserfalls sehnen. Eine ebenfalls touristische Suchfahrt nach den so unzuverlässig auftretenden wie spektakulären Farbenspielen der berühmten nächtlichen Nordlichter treten wir in einem gigantischen 7,3-Liter-Gruppenjeep an, mit dem ich gerne einmal den Limousinen vor dem Salzburger Festspielhaus voranfahren würde.

Was die ersten gedrängten Tourneetage uns an Eindrücken vorenthalten mussten, gleichen die touristischen Gegebenheiten und Begebenheiten in und um Reykjavik in erinnernswertem Maße aus, und ich verstehe langsam die Vorliebe meines Patenonkels Lothar, der sich aus der Beengtheit seines thüringisch-sozialistischen Postbeamtenalltags in eine belebende Korrespondenz mit einem isländischen Philatelisten so lange rettete, bis er ihn als Pensionär besuchen durfte. Die Vorstellung, dass Onkel Lothar und sein Sammlerfreund Erik in dampfendem Schwefelbad Briefumschläge öffneten und unter Absingen von Parteiliedern splitternackt Wasserzeichen fremder Völker austauschten, erheiterte mich noch den ganzen Flug nach **Lissabon** lang.

Dort dürfen Fellmützen und Schneeschuhe wieder in den Transportkisten verschwinden, in denen auch unsere Hawaiihemden gelagert sind, denn Portugals Klima gewährt auch im November noch wärmende Impulse, die den fahrenden Gesellen im kurzen Hemd auf die Praça do Comercio locken. Mittäglicher Sonnenschein legt sich wärmend auf mein Gemüt, das in ein und derselben Woche die drei urnenförmigen Novemberbegängnisse Totensonntag, Bußtag und Volkstrauertag verkraften muss. Inmitten dieser trüben Datengalerie liegt unser freier Tag, an dem ich mich in genussvoller Ziellosigkeit über die sieben Hügel der Stadt treiben lassen und mir von Zeit zu Zeit abschließende Gedanken über die sprachliche Gestaltung unseres Schülerkonzertes am nächsten Tag machen kann. Im kleinen Terrassencafé neben der Igreja da Graça gelingt es mir, die Praxistauglichkeit meiner portugiesischen Polkatexte an einer einheimischen Kellnerin auszuprobieren.

Schon kurz nach der Ankunft im Hotel zu **Genf** habe ich auch 40 Jahre nach meiner Beschäftigung als Solohornist im Orchestre de la Suisse Romande noch den Eindruck, einer der wenigen Passanten zu sein, die von einem vierstelligen Monatsgehalt leben müssen. Weil ich in den kurzen Stunden zwischen Zimmerbelegung und Anspielprobe mit meinem Vorsatz scheitere, hervorhebenswerte Vorkommnisse anzubahnen, belebe ich meinen nostalgischen Stadtbummel mit erstaunlich gegenwärtigen Erinnerungen wie jener an eine weinselige Julinacht des Jahres 1973, als wir abschiedstrunken auf der Place du Cirque meinen erst eine Spielzeit alten Smoking in Rauch aufgehen ließen und die Kantonalpolizei ausgerechnet unseren Schweizer Dirigenten wegen Brandstiftung und nächtlicher Ruhestörung verhaftete. In der Seilbahn hinauf zum Genfer Hausberg, dem Salève, hatte ich kurz vorher den Steuerberater Ephraim Kishons kennengelernt, von dem das noch immer zutreffende Bonmot stammt, dass in der Schweiz die Uhrengeschäfte dazu dienten, die Zwischenräume zwischen den Bankgebäuden auszufüllen.

Nach dem Konzert in der Victoria Hall gehe ich essen mit zwei blechblasenden Mitarbeitern aus dem Forschungszentrum CERN, die zwar von Sir Simon hingerissen sind, mich aber doch fragen, was so ein Dirigent eigentlich im Konzert alles bewirkt. Da hatte ich eine Menge zu erzählen, die Ovomaltine floss in Strömen – den Alkohol hatte ich inzwischen zugunsten folgenloser Genüsse aufgegeben – und zu Füßen des Standbildes von General Guisan verabschiedete ich mich von den beiden gegen Mitternacht mit einer selbst erfundenen Lebensweisheit: »Musik ist eine unversiegbare Quelle sich selbst erneuernder Lebenslust und ein Perpetuum mobile sinnstiftenden Zeitvertreibs. Musikausübung soll sogar denen Spaß machen, die von ihr leben müssen, und das kann man weiß Gott nicht von vielen irdischen Tätigkeiten behaupten.«

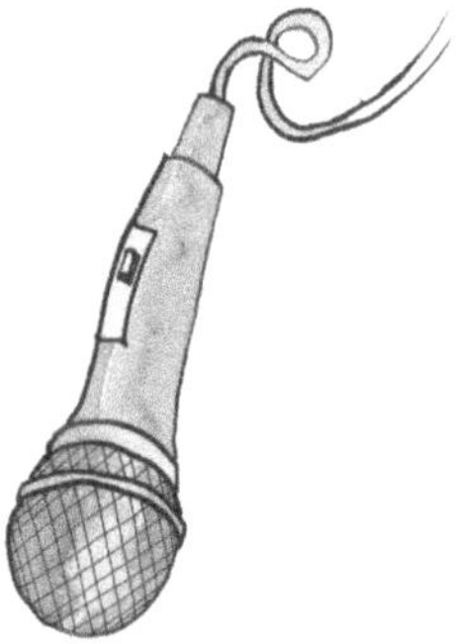

Das letzte Beispiel praxisnaher Würdigungslyrik gilt der Verleihung der Ehrenmitgliedschaft an Nikolaus Harnoncourt, dessen beispiellose Laufbahn ihn trotz mancher gestischer Eigenwilligkeiten vom Orchestercellisten in die höchsten Höhen internationalen Dirigententums und -ruhms führte und sogar die weiß Gott kritischen und verwöhnten Wiener Philharmoniker dazu brachte, ihn mit der Gestaltung zweier Neujahrskonzerte zu adeln. Auch wir haben ihn geadelt, allerdings nur durch ein fernschriftlich übermitteltes Würdigungsgedicht, das ihm vor einer Probe im Musikvereinssaal vorgelesen wurde:

Verehrter Meister Harnoncourt!
Als frühlingshaftes Zeichen nur
von Zuneigung und Dankbarkeit
nach Jahren der Verbundenheit
hat unser Gremium in Zossen
auf einer Konferenz beschlossen,
Sie heute hier in Wien zu ehren
und Ihren Ruhm so zu vermehren,
dass Sie sich an der neuen Würde
(als Anregung und nicht als Bürde)
so viele Jahre noch erfreuen,
wie Sie uns zwar nicht mehr betreuen,
jedoch im Geist beim Musizieren
aus trauter Ferne inspirieren.
Uns ist die Ehre widerfahren,
durch einen Schwung von stolzen Jahren
an Ihren Interpretengaben

mit Spaß und Nutzen teilzuhaben.
Um nun Ihr Werk samt Ihrem Leben
verehrungsvoll herauszuheben,
ersannen uns're Ahnen schon
die Ehrenmitgliedschaft – als Lohn
für Zuwendungen, welche man
materiell nicht ahnden kann.
Ein Ehrenmitglied hat mitnichten
auch nur die allerkleinsten Pflichten,
doch sagen wir ganz unumwunden:
ach, bitte, bleimse uns verbunden!
Wenn von Musik die Rede ist
und Rede in Musik einfließt,
steckt längst in unserer Natur
ein starkes Stückchen Harnoncourt.
Dies Stückchen wollen wir behalten
und philharmonisch ausgestalten,
bis auch der letzte Abonnent
Musik als Klangrede erkennt.
Es wird nun Zeit. Ein letzter Vers:
Dank, lieber Meister! Tschüs, das wär's.

Zum 1.9.2016 stellte die Philharmonische Lohnbuchhaltung meine Gehaltszahlungen ein, die Pforten der Bayerischen Versorgungskammer öffneten sich, meine Kollegin Sarah und Sir Simon sorgten für einen zu Herzen gehenden Abschied am Ende eines Konzertes mit meiner Beteiligung als Fünfter Hornist in *Amériques* von Edgar Varèse. Ich durfte, begleitet von der philharmonischen Horngruppe, noch einmal die *Tokyo Subway Polka* singen … und sehe seitdem gelassen, heiter und erwartungsvoll einer baldigen Nachfolgeregelung entgegen. Der Übeführer soll ja auch noch fertig werden.

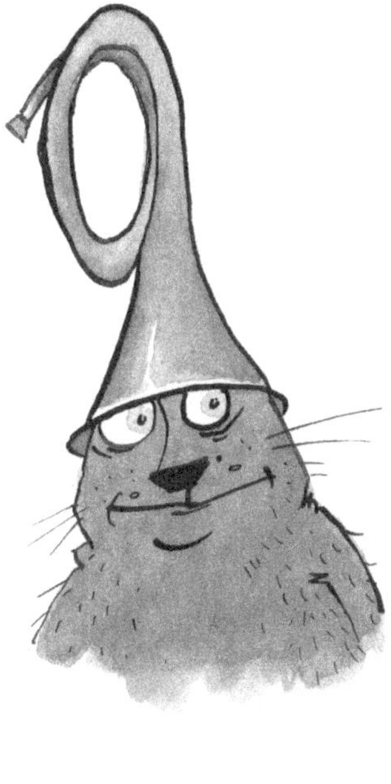

TEIL 3

Allerlei Sprechblasen

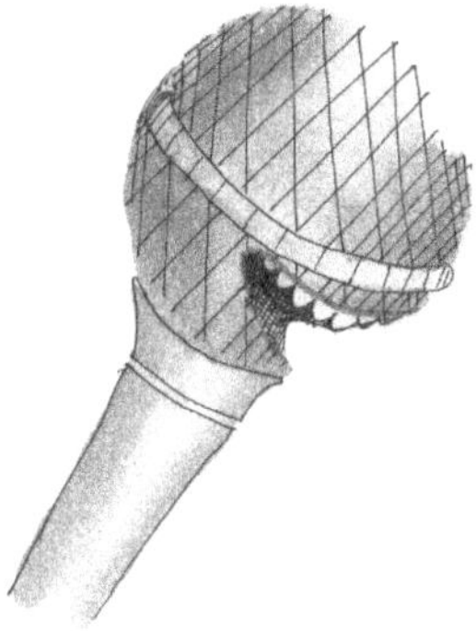

»Aus der Sicht des lippenmüden Blechbläsers ist eine Moderation dazu da, die Zeit zu überbrücken, die der Zuhörer braucht, um darüber nachzudenken, warum die Musiker nicht weiterspielen. – – –

Und schon sind wieder wertvolle Sekunden für die Durchblutung der Lippenmuskulatur gewonnen.« Schon in meinem ersten Konzert mit German Brass – 1985 in Hall in Tirol – wollte ich mit dieser Ansage dem Verdacht entgegenwirken, das Mikrofon zur Verschleierung instrumentaler Unzulänglichkeiten zu ergreifen. Der Text ist einer der ersten in meinem Ordner, vier Jahre später kamen die philharmonischen Würdigungsaufträge hinzu. Als dann Anfang der Neunzigerjahre das Salonorchester Die Berliner und unser paraphilharmonischer Stoßtrupp Eine Kleine Lachmusik gegründet wurden, benötigte ich schon eine Regalzeile für meine Kollektion. Die Vielfalt, um nicht zu sagen: die Beliebigkeit ihrer Verwendungsmöglichkeiten kam auch Engagements zugute, für die ich das Horn erst gar nicht auspacken musste. So durfte ich recht bald nach ihrer Gründung die Konzerte der Vierzehn Berliner Flötisten mit verbindenden Worten anreichern; eine Gruppe philharmonischer Bratschisten bat um Ansagen bei einem Violakongress in Bad Soden, ein Kontrabass-Sextett entschied vor dem Auftritt in Detmold, dass die Exotik von Besetzung und Programm einer orientierenden und kurzweiligen Kommentierung bedürfe; eine Künstleragentur suchte für eine Jubiläumsveranstaltung den Sprechdarsteller des Johannes Lubahn, der 1928 das Beamtenheimstättenwerk gegründet hatte; die Digital Concert Hall war im Entstehen und benötigte einen Kinomoderator für ihre Direktübertragungen; die philharmonische Education-Abteilung bot schöpferischen Auslauf bei ihren Kinderkonzerten; die »Wiener Virtuosen« fragten an – ein zehnköpfiges Kammermusikensemble aus den Reihen der Wiener Philharmoniker – und aus den Reihen unseres Orchesters gab es ja noch das Blechbläserensemble, das Bläserquintett, das Damenensemble Filleharmonie de Berlin, das Blechbläserquintett und meine ureigenste Instrumentalgruppe, die Acht Hornisten, die auch nichts gegen lippenschonende Zwischenansagen einzuwenden hatten.

Ich hatte also schon gut zu tun, als 2005 mein Orchesterkollege, der Bassposaunist Hermann Bäumer, endlich den Marschallstab aus dem Tornister klaubte, zunächst Chefdirigent in Osnabrück, dann in Mainz wurde und mich – vielleicht unter dem günstigen Eindruck meiner Würdigungsansagen – als Conférencier seiner dortigen Neujahrskonzerte engagierte.

Die seitdem entstandenen Texte ergeben zusammen mit allen übrigen bei Bedarf einen kleinen Konzertführer, der sich von ernst gemeinten Publikationen durch den beträchtlichen Mangel an werkrelevanten Informationen unterscheidet. Der Bedarf ist noch auf dem Prüfstand, aber Leseproben gibt es schon. Sie beginnen chronologisch korrekt mit German Brass. Gleich die erste Ansage ist nicht werkgebunden und passt zu lebhaften Musikstücken, die nach Möglichkeit Tonrepetitionen enthalten sollten.

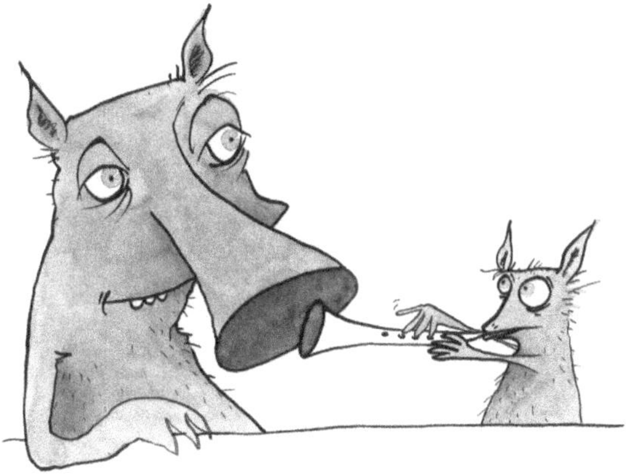

»Es geht um den Zungenstoß und die dramatischen Vorgänge im Rachenraum der Blechbläser. Hierbei spielt der Name des russischen Komponisten Alexander Goedicke eine entscheidende Vermittlerrolle.

Schon sein Name ist nämlich eine kleine Doppelzungenübung für sich und damit eine unbeabsichtigte pädagogische Meisterleistung: Goe-di-cke. Zur

Überprüfung dieser Feststellung spreche man ihn in möglichst raschem Tempo einige Male vor sich hin, am besten im fortlaufenden Triolenrhythmus. Goedicke-goedicke-goedicke-goedicke-goedicke …

Als anschauliche Erweiterung dieser Zungenübung empfehlen sich nun auch Kombinationen wie: ›der tätige dicke Goedicke‹, ›der oder die gütige tätige Goedicke‹, ›die dicke Buckelige‹, ›die dicke Pickelige‹, ›die tätige dicke Pickelige‹ und so fort, je nach Wortschatz und Bekanntenkreis.

Wenn wir uns nun steigerungshalber einmal vorstellen, dass Goedickes wohltätige, aber übergewichtige und durch unsachgemäße Einnahme von Medikamenten gegen Gesichtsakne etwas entstellte Gattin Brigitte gerade überraschend auf uns zuträte, käme der folgende, zungentechnisch höchst anspruchsvolle Ausruf zur Anwendung:

›Igitt-igitt, die gütige dicke pickelige Gitti Goedicke!‹

Derartige sprachliche Exerzitien dienen der Optimierung der unabdingbaren Zungenfertigkeit des Blechbläsers und sind für seinen beruflichen Werdegang bestimmt nützlicher als die Kenntnis der Lebensdaten Goedickes.«

Aus gegebener Veranlassung sei betont, dass es sich bei Brigitte (Gitti) Goedicke um eine erfundene Figur handelt, deren Vorname im Gegensatz zu Emma oder gar Anaïs ideal zu unserer Doppelzungenübung passt. Käte wäre auch gegangen.

Falls es Sie reizt, liebe Leser, eine solche Übung einmal im eigenen Zungenraum auszuprobieren: stellen Sie auf Ihrem Metronom als Zielgeschwindigkeit Ihrer Bemühungen ein Tempo zwischen 152 und 160 Schlägen pro Minute ein, und beginnen Sie Ihren Vortrag mit einigen lockeren »umpa, umpa, umpa, umpa« zur Tempostabilisierung. Während der ersten Versuche sollten Sie Ihre Mitbewohner fernhalten.

Umpa umpa umpa umpa
umpa umpa umpa umpa
Nun, Ihr Damen und Ihr Herren,
heißt es: gründlich Ohr'n aufsperren,
um die Töne, die wir schafften,
rein akustisch zu verkraften.
Melodien, die jetzt geschehen,
woll'n sich um sich selber drehen,
ohne Anfang, ohne Ende,
gehen sie durch unsre Hände,
purzeln, schmeicheln, winseln, krachen,
bringen das Gehör zum Lachen,
geh'n durchs Außenohr nach innen,
um von vorne zu beginnen
und sich gänzlich unverhohlen
unbemerkt zu wiederholen,
bis sie nicht mehr anders können
und sich eine Pause gönnen,
die Sie aber nie erhalten,
denn die Kräfte, die hier walten,

folgen rhythmischen Gesetzen,
welche wir nicht gern verletzen,
also spiel'n wir ewig weiter,
auf und ab die Notenleiter:
1.) unter Donner, unter Blitz,
Ruhe auf dem Fahrersitz!
2.) Ungarn, wie es früher war,
jetzt folgt Eljen a Magyar.
3.) für Ulrike, Franz und Volker,
eins und zwei, die Tritsch-Tratsch-Polka.
4.) Reiselust nach Russenart,
Petersburger Schlittenfahrt.
Umpa umpa umpa umpa
umpa umpa umpa umpa

Um uns nicht das positive Echo des Publikums zu verscherzen, verzichten wir gewöhnlich bei Konzerten in Kirchen mit starkem Nachhall auf geblasene oder gesprochene Schnellpolkas und unterstützen den lebensbejahenden Grundcharakter unserer abendländischen Gotteshäuser lieber in gemessenem Tempo. In Tempeln, Synagogen oder Moscheen sind wir noch nicht aufgetreten, aber Johann Sebastian Bachs Choral *Wachet auf, ruft uns die Stimme* käme bestimmt gerade im Morgenland gut zur Geltung.

»Johann Sebastian Bach ist länger tot denn je, aber die Gründe, ihm für sein Lebenswerk dankbar zu sein, vermehren sich von Tag zu Tag. Wie vielleicht nicht allgemein bekannt ist, nahm er in jungen Jahren während seiner Arnstädter Kantorenzeit an einer der ersten Südamerika-Expeditionen des deutschen Kolonialforschers Gottlieb Theophil Grundegger teil, um sich der Suche nach der sagenumwobenen *Viola da Samba* anzuschließen. Dass Bach von dieser beschwerlichen Reise unverschollen zurückkehrte, darf als Glücksfall für die Nachwelt gewertet werden. Die *Viola da Samba* wurde nicht gefunden, wohl aber das nicht minder legendäre *Amazonas-Becken*.

Im Reisegepäck des Heimkehrers fanden sich neben Skizzenheften mit indianischer Regionalfolklore auch einige Kuriositäten wie das Choralvorspiel

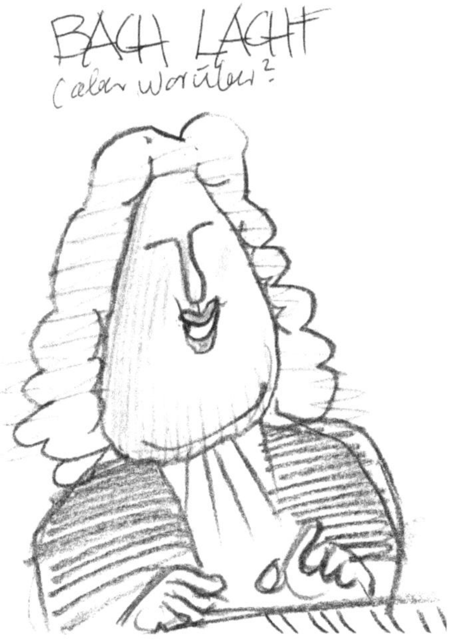

Wachet auf, ruft uns die Stimme, das Bach als liturgischen Weckruf in der ermüdenden Weite der heute argentinischen Pampalandschaften entworfen haben muss. Unser Bearbeiterteam hat sich der Skizzen angenommen und einige von ihnen in überkonfessionelle Variationen umgewandelt: *Brandenburg Samba.*«

Beim Warten auf meinen nächsten Moderationsbeitrag bin ich während des Konzertes auf meinem Stuhl am Bühnenrand hin und wieder in einen Dämmerzustand verfallen und habe mich zwischen Traum und Wirklichkeit der Wunschvorstellung hingegeben, ich sei gerade der eigentliche Star der Veranstaltung, und ausschließlich meinetwegen, wegen meiner Stimme und des Zaubers meiner Texte seien all die Leute in den Saal geströmt, nähmen aber in Kauf, dass zwischen meinen unübertrefflichen Rezitationen immer wieder mal Musik erklänge, gespielt von einem zur Untermalung der Lesung angereisten Rundfunkorchester, Kammerorchester oder Blechbläserensemble … und wenn dann der Beifall einsetzt und mit seinem ersten Klatschlaut auch mein Traum zerplatzt – – – dann greife ich zum Mikrofon und rücke die Dinge wieder gerade:

»Auf unserer letzten Argentinien-Reise wurde unser Bus immer wieder von Gauchos überholt. Gauchos sind berittene Rinderbetreuer, die im Auftrag internationaler Steakhaus-Ketten dafür sorgen, dass sich die Rindviecher auf den dort Pampas genannten Weiden so ernähren, wie wir das bei der Bestellung eines Entrecote erwarten dürfen.

Wir saßen am Ende eines arbeitsreichen Tages mit unseren Lieblings-Gauchos ums Lagerfeuer am Pamparande und tauschten Brandzeichen aus. Zum Abschied gab uns Felipe einen Kuss und einen verschlossenen Briefumschlag: »Der isste gekommte von Geethe-Institut aus Buenos Aires, mit Brieftaube. 'atte gutte gesmeckte.« Wir erbrachen … das Siegel und lasen gerührt die Botschaft des Institutsleiters:

›Spielt einmal noch das stolze Lied,
das uns Rodriguez einst beschied.
Man nannte ihn den Pampageno,
und was er schrieb, war mucho bueno.
La Cumparsita möcht' ich hören
und will dann auch nicht länger stören.‹

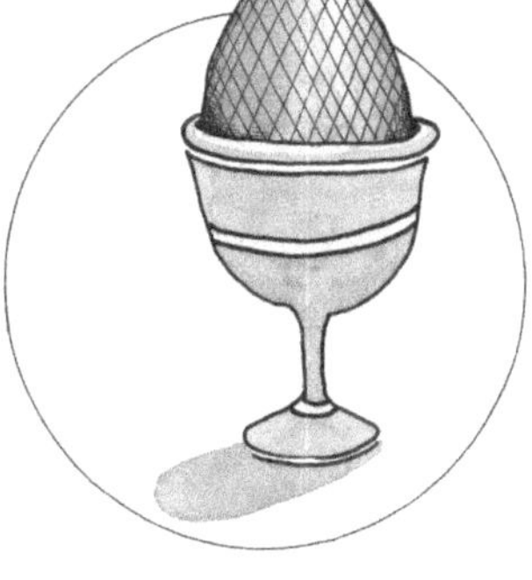

Schwer zu sagen, was mehr Spaß macht: unsere Zuhörer durch erfundene Geschichten aus dem Leben grundlos fröhlicher Lateinamerikaner auf deren landestypische Melodien einzustimmen – oder die Luft vom Mikrofon ins Mundstück umzuleiten und damit einen mexikanischen Evergreen zu beatmen, zu dem die folgende Ansage gehört:

»Als ich das erste Mal an ihrem windschiefen Pueblo vorbeiritt, schaute sie mich an, als mache sie mich für das Abschmelzen der Polkappen verantwortlich. Aber irgendetwas in ihrem Blick ermunterte mich schließlich doch, sie anzusprechen.

Noch Monate später machte sie sich über diesen, auf Spanisch vorgebrachten Annäherungsversuch lustig.

›Willst du mein Nebenarm werden, süße Zimtbaracke?‹, muss ich gesagt haben. Dabei war ich mir meiner Aussprache so sicher gewesen …

Ihre Antwort war ein Gelächter, dem keine Zahnspange standgehalten hätte. Aber ich hatte das Eis auf der Oberfläche ihrer gefrorenen Seele angetaut …

Consuelo Velazquez war eine Dichterin von höchstem Rang, obwohl sie bis zu ihrem 20. Lebensjahr außer Texten auf Erdnussdosen kaum etwas zu lesen bekommen hatte. Gleich ihr erstes Liebeslied an mich endete denn auch mit den Zeilen:

Ich bin für dich, mein Freund,
ziehst du mich in Erwägung,
mindestens haltbar bis:
(siehe Deckelprägung).

Ihr zweites Lied war ein weltentiefer Schrei nach Zärtlichkeit und Liebe, und mit den darin besungenen Liebesschwüren bedeckte sie alles, was damals noch von mir übrig war. ›Besame Mucho!‹

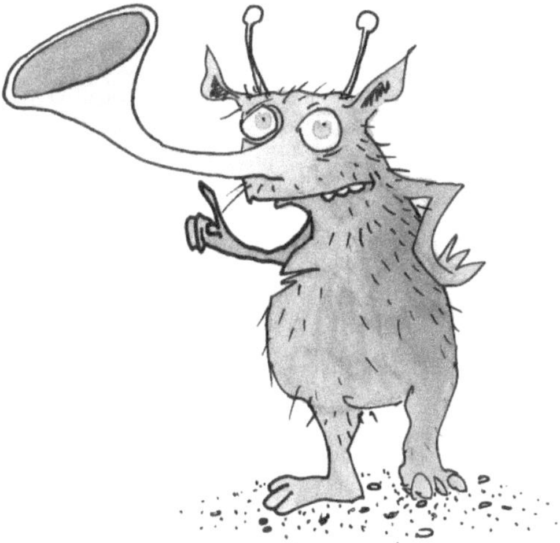

1996 traten die »Vierzehn Berliner Flötisten« ins Licht der Öffentlichkeit, ein Ensemble, dessen Mitglieder sich schon bald nach ihren ersten Konzerten von einer Moderatorenstimme offenbar eine Frequenzbelebung inmitten der obertonreichen Flötenklänge versprachen.

»Ist es nicht eine ungewollte Ironie der Programmauswahl, dass ein Ensemble von luftstrotzenden Berufsbläsern seine Sauerstoffkapazitäten zur künstlichen Beatmung einer Opernhandlung verwendet, deren Hauptdarstellerin ausgerechnet an Lungentuberkulose verröchelt?

Violetta – La Traviata – ist eine verschwindend schöne, todgeweihte Lebedame, die die letzten Reserven ihrer Atemvorräte in einige Sopranarien pumpt, die zwar beim Publikum gut ankommen, ihrer aussichtslosen Liebesaffäre mit Alfred jedoch nicht die gewünschte Richtung geben können. Alfred ist ein verwöhnter junger Tenor, dessen ansteckendes Organ besonders von der Souffleuse gefürchtet wird.

Lange bevor unsere stark entzündete Primadonna ihr mondänes Lotterleben schließlich unter dem teilnehmenden Gehuste geltungsbedürftiger Abonnenten aushaucht, kommt es zu einem ätherischen Vorspiel, auf das Giuseppe Verdi heute noch stolz sein könnte.«

Giuseppe Verdi: La Traviata (UA 1853)

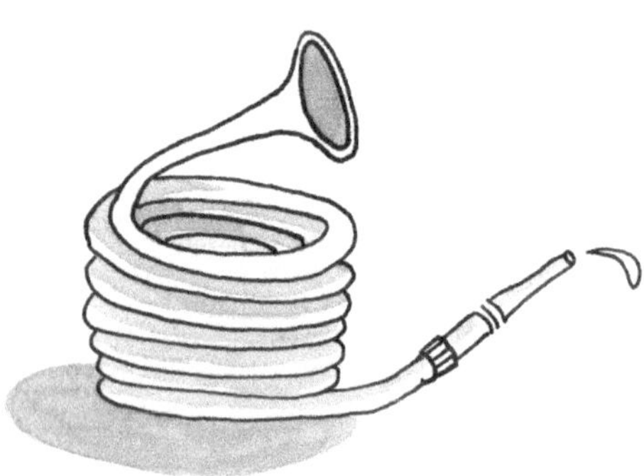

Etwa gleichzeitig mit den Flötisten formierte sich ein Grüppchen aus Orchesterkollegen, die nichts gegen bühnentauglichen Unernst einzuwenden hatten und gern mal mit einem Repertoire hervortreten wollten, von dem sie nicht leben mussten. Provisorisch nannten wir die Gruppe nach einem parodistischen Streichquartett des unvergessenen Wolfgang Schröder »Eine Kleine Lachmusik«, und so heißt sie – zu »Lachmusik« verkürzt – noch heute. Weil es für die eigenartige Quintettbesetzung – Saxofon, Fagott, Horn, Bratsche, Klavier – keine Originalwerke gab und wir nicht genug davon selbst verfassen konnten, bauten wir vom Klavier begleitete Solostücke wie den unverwüstlichen Csárdás von Monti ein – mit folgender Vorbemerkung:

»Mein vor einiger Zeit in gesegnetem Alter verstorbener Freund Theo, der Dachschindelhändler in Piding bei Freilassing war, ist schuld daran, dass ich in den Siebzigerjahren zu der Überzeugung gelangte, die Bratsche sei ein leicht spielbares Instrument, das zu Recht mithilfe eines Darms zum Klingen gebracht wird. Wenn Theo nach getaner Arbeit einen schindelfreien Abend vor sich hatte, umgab er sich gern mit konzertierwilligen Studenten des Salzburger Mozarteums, die als Ausgleich für seine großzügige Bewirtung sein autodidaktisch entstandenes Bratschenspiel in Kauf nahmen, das er bei der Bewältigung von Streichquartetten bis hin zur Wiener Vorklassik zu häuslicher Geltung brachte. Diese Musizierabende zogen sich oft bis in die frühen Morgenstunden hin und erlaubten Theo, die Lagen zumindest bei seinen Weinsorten zu wechseln. Auch der Unterschied zwischen Halben, Vierteln und Achteln ist ihm wahrscheinlich in jenem kühlen Gewölbe bewusst geworden, in dem Sechzehntel keine Rolle spielen.

An ein Werk wie das nun folgende hätte sich Theo auch in solchen Zeiten nicht gewagt, in denen er beinahe täglich den Gebrauch der heiklen A-Saite in Erwägung zog. In seinem Verhältnis zur Bratsche wie auch in der Ehe liebte Theo den Gegenstand seiner Anbetung, beherrschte ihn aber nicht, denn sonst hätte er sich sicher mit seinem Wunsch durchgesetzt, wenigstens eine der drei Töchter Viola zu nennen.

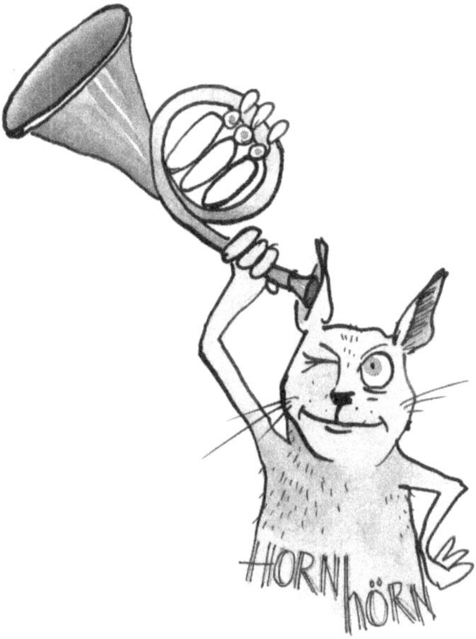

Widmen wir das nun folgende Stück jenen zahl- und namenlosen Bratschen-Amateuren, die spielerisches Unvermögen davor bewahrte, neben der Leidenschaft auch noch vom Beruf ergriffen zu werden.«

Vittorio Monti: Csárdás (1904)

IM DIENST DER KRONE

Eines Tages wurde ich angefragt, die musikalische Umrahmung eines Kongresses von Kieferorthopäden im Kammermusiksaal der Berliner Philharmonie mit heiteren Wortbeiträgen anzureichern. Ein paraphilharmonisches Kammerorchester spielte Tschaikowskys *Streicherserenade*, und ich durfte endlich das sieben bayerische Jahre lang eingeübte Zungen-Rrrr rollen lassen:

»Man fragt sich heute, warum die Bevölkerung des russischen Zarenreiches all die Jahrhunderte hindurch in so kompromisslosen Dimensionen Wodka trank, obwohl es noch gar kein Fernsehprogramm gab, dessen zermürbenden Casting-Shows man im Interesse der Menschenwürde hätte ausweichen müssen. Seit Menschengedenken geht der an sich kunstsinnige Russe also einer Freizeitleidenschaft nach, die man ärztlicherseits als ›Vorbeugende Vollnarkose‹ bezeichnen muss. Der flächendeckende und schichtenübergreifende Wodkakonsum trug damit zwar erheblich zum galoppierenden Fatalismus seiner Verursacher bei, ermöglichte andererseits dem oft überlasteten Landarzt nahezu ideale Arbeitsbedingungen während der operativen Phase seiner Heilungsbemühungen. Heikle Maßnahmen wie etwa Amputation oder Organentnahme standen aus der angenehm getrübten Sicht des alkoholisierten Patienten unter dem günstigen Stern eines vorübergehend ausgeschalteten Schmerzempfindens. Weil das medizinische Notfallpersonal jener Zeit am liebsten in der Nähe sozialer Anlaufstellen wie der zentral gelegenen Dorfkneipe praktizierte, kam der Begriff »Lokalanästhesie« schon auf, als die örtliche Betäubung noch gar nicht erfunden war. Auch die russischen Kieferchirurgen, Wegweiser und Brückenbauer der Implantologie, machten sich die positiven Nebenaspekte des landestypischen Suchtverhaltens zunutze und nahmen am bewusstlosen Patienten kieferdienliche Eingriffe vor, ohne die der Kiefereigner den Rest seines Lebens zahnlos hätte verbringen müssen. Zahnlosigkeit bedeutet aber nicht nur eine gewaltige phonetische Einschränkung in Sprachgebieten wie dem russischen, wo bekanntlich konsonantische Zisch-, Platz- und Zungenlaute die anwenderfreundlicheren Vokale an Häufigkeit bei weitem übertreffen; nein, Zahnlosigkeit ist auch der ultimative Albtraum eines jeden Conférenciers östlich und westlich der Wolga, womit wir endlich den Bezug zum nun folgenden Musikstück gefunden haben: *Streicherserenade C-Dur* von Pjotr Iljitsch Tschaikowsky. Большое спасибо.«

Weil er mir für die sofortige Archivierung zu schade war, stellte ich diesen Text später auch anderen Werken russischer Komponisten voran. Zu diesen gehört auch Anatoli Ljadow aus St. Petersburg, dessen Leben und Werk eigentlich eine eingehendere biografische Würdigung gerechtfertigt hätten. Ljadow – 1855 geboren, ein Schüler Rimsky-Korsakovs – war ursprünglich als Komponist des später durch Strawinsky weltberühmt gewordenen *Feuervogel* vorgesehen, hatte aber infolge seines Phlegmas zum Zeitpunkt der vereinbarten Fertigstellung gerade erst begonnen, Notenpapier einzukaufen. Er galt als hochbegabter Faulpelz, als »Oblomow der russischen Musikgeschichte«, über den sein Freund und Lehrer Rimsky schrieb: »Er konnte nur das tun, wozu es ihn von sich aus trieb. Hinter seiner katastrophalen Faulheit aber verbargen sich ein wacher Verstand, ein gutes Herz und eine große musikalische Begabung.« Ljadow gehörte auch zu den trinkfestesten Persönlichkeiten des zaristischen Musiklebens. Seine Tondichtung *Der verzauberte See* allerdings verbreitet eine geradezu seelenreinigende Nüchternheit, und das in nur achteinhalb Minuten:

Es schimmert freundlich, hell und heiter
im Sommermorgenlicht der See,
ein Waldweg führt zur Lichtung weiter,
im Ginster grast ein junges Reh.

Die Luft ist taudurchhaucht und würzig,
Glyzinienduft durchzieht den Äther.
Den Rest der Ortsbeschreibung kürz' ich,
und wo man fischt, erklär' ich später.

Wir war'n von Krasnojarsk gekommen
und hatten hinter Tscheljabinsk
die neue Autobahn genommen.
Das Bohrgerät stand noch in Minsk.

Die Fee war anfangs kaum zu sehen;
sie stand am Ufer wie ein Geist,
ließ Spinnwebschleier um sich wehen
und wirkte irgendwie vergreist.

Das war die Witwe Ljadow selig,
sie lebte über hundert Jahr'
an diesem Ort und schimpfte kehlig:
»Bringt nicht die Landschaft in Gefahr!

Ich bitt' euch: lasst uns unerschlossen,
die Welt hat uns noch nicht entdeckt!«
Da ist manch' Tränchen uns entflossen,
und auch *mein* Mitleid war geweckt.

Der Mann von Gazprom hat gemeint:
wenn wir hier anfangen zu bohren,
ist, was jetzt unberührbar scheint,
sobald das Gas erst strömt, verloren.

So haben wir den Zaubersee
als unerschließbar angezeigt.
Oft denk ich an die Zauberfee …
vor allem, wenn die Heizung streikt.

Anatoli Ljadow:
Der verzauberte See (1909)

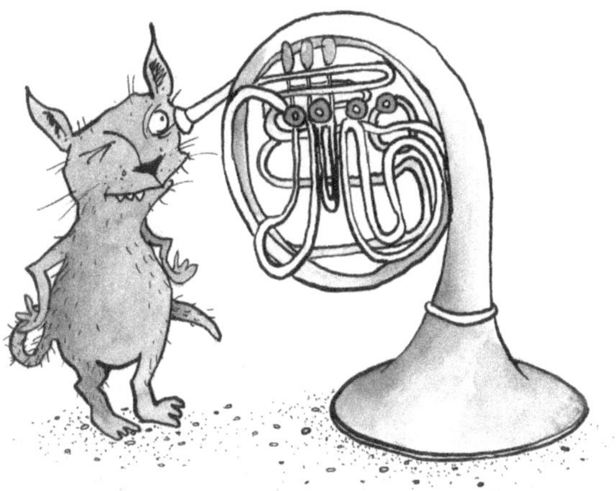

Der nächste Text fällt ein bisschen aus dem Rahmen, denn er ist das Versuchsexemplar einer Rezension, für die ich Anfang 2001 ein Konzert des Deutschen Kammerorchesters hätte besuchen müssen. Klaviersolist und Dirigent waren zwei angesehene, in Berlin wirkende Buchautoren und Musikkritiker. Leider war ich am entsprechenden Abend gar nicht in

Berlin, und auf meinen Vorschlag, die Kritik gerade deswegen zu schreiben, wollte man dann doch nicht eingehen. Sie hätte folgendermaßen ausgesehen:

»Wer hätte gedacht, dass zwei angesehene Musikjournalisten sich auf dem Konzertpodium sozusagen eigenhändig einer öffentlichen Kritik aussetzen würden, deren Sprachrohr sie sonst sind! Paul Urheber von der Berliner Zeitung dirigierte druckreif das typenreiche Deutsche Kammerorchester, während Joachim Könner von der FAZ das Keyboard des Redaktionscomputers für eine gediegene halbe Stunde mit der Tastatur eines Konzertflügels vertauschte, auf dem er schwarz auf weiß sein Pianistenstudium rechtfertigen konnte. Könner griff bei Beethovens nicht nur von Kritikern gefürchtetem Dritten Klavierkonzert dem Schicksal des Rezensenten souverän in den Rachen und ließ mit seiner Interpretation zwar keinerlei Wünsche, aber die Frage offen, ob er sich als schreibender Konzertpianist oder als konzertierender Tagesautor verstehe. Aber egal, ob vom oder für's Blatt: von Könner möchte man gerne auch in Zukunft so viel hören wie sonst lesen. Auch Paul Urheber machte gestenbewusst deutlich, dass er außer Zeitungslesern auch noch andere Abonnentenstämme mit den Früchten seiner Talente verwöhnen könnte, wenn man ihn nur ließe. Mit seiner Abendleistung untermauerte er eindrucksvoll die These, der beste Dirigent sei der, der am wenigsten zeige, wie dringend man ihn brauche.

Gleich zu Beginn empfahlen sich die Hebriden in Urhebers Deutung als Urlaubsziel; so viel Charme und Anmut hätte man einer nordwestschottischen Inselgruppe um diese Jahreszeit gar nicht zugetraut. Lediglich einige scharf attackierte Holzbläsermotive ließen das Schroffe und Felsige des Terrains ahnen, und das Orchester musizierte vom ersten Takt an auf der Höhe seines Rufes.

In einer technisch weitgehend ausgereiften Darbietung folgte mit Mozarts 34. Sinfonie jedoch ein unfreiwilliges Beispiel dafür, dass die leichten Stücke oft die schwersten sind. Während sich Urheber nach der Pause reaktionssicher und stilgetreu Könners Beethoven-Auslegung anpasste, mochte er sich der Sinfonie nicht auf eindeutig erkennbare Weise nähern, ließ das Orchester irgendwo zwischen Giulinis Noblesse und Harnoncourts zupackender Frische wirtschaften und brachte so die Zuhörer in einen Konflikt, der sich zwar in heftigem Applaus entlud, aus dem aber – kann man mehr erreichen? – Mozart als eindeutiger Sieger hervorging.«

Ob professionelle Moderatoren ähnlich vorgehen, kann ich nur ahnen, aber auch ihnen dürften im Feldeinsatz schon Programmänderungen zugemutet worden sein, für die sie keinen Text parat hatten. Für diesen gar nicht so seltenen Fall hatte ich mir eine jokerartige Überbrückung in Form einer fiktiven Radiosendung ausgedacht, wie ich sie seit Jahrzehnten als Wunschkonzerte Freunden oder Verwandten zusende.

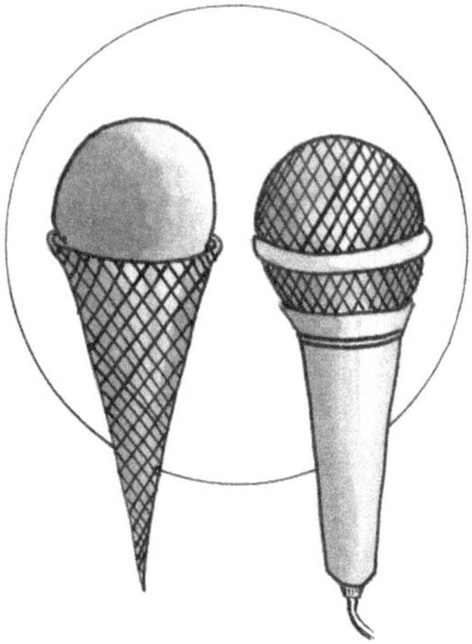

»Es folgen einige Programmhinweise auf weitere Sendungen des heutigen Abends, verehrte Zuhörerinnen und Zuhörer:

Um 22 Uhr 30 präsentiert Urs Daetwiler sein Feature über Lebensgewohnheiten in der Zentralschweiz unter dem Titel:

Vom Einzeller zum Appenzeller.

Jean-Jacques Delapointe porträtiert um 23 Uhr den wenig erschlossenen Südosten seines französischen Heimatlandes in dem Beitrag:

Armagnac, aber reich an Eindrücken.

In unserer Sendereihe »Große Stimmen« beschäftigen wir uns heute um 23 Uhr 20 mit den Gesängen der Buckelwale.

Zum Tagesausklang liest Jürgen Klopp um 23 Uhr 45 aus der Reihe: *Die alten Postleitzahlen* die 156. Folge. Heute: ›Stumpertenrod bis Tauberscheckenbach.‹

Nun aber weiter mit Hörerwünschen: Erdmuthe Hopperditzel-Kenosha M'Bongo aus Neuhausen ob Eck, Semjon Pöppel aus Bopfingen und die Polkagruppe der Steuerfahndung Crailsheim wünschen sich das nächste Musikstück, das wir eigens zu diesem Anlass für Sie einstudiert haben.«

*

Was der Werkzeugkasten für Ansager ebenfalls bieten sollte, sind kleine verbale Pannenhilfen für das europäische Ausland: vor einem Konzert im südspanischen Alzira konnte ich wegen meiner ungenügenden Spanischkenntnisse nicht alle Ansagen rechtzeitig übersetzen und flüchtete mich in eine bis dahin unerprobte Vortragsart, indem ich zwischen zwei Musiknummern die Namen unserer – in das Vorhaben eingeweihten – Ensemblemitglieder in der Art einer militärischen Anwesenheitskontrolle brüllte: »Ambrosius!« »Hier!« »Baerwind!« »Hier!« »Gaag!« »Hier!« und so weiter. Als ich mich mit der Abfrage nun auch ans Publikum wendete und uns sofort nach dem ersten lautstarken: »Ramirez!« ein vielstimmiges »Si!« entgegenscholl, konnte ich eine neue Gestaltungsvariante notieren. »Gonzalez!« »Si!« »Muñoz!« »Si!». Die Namen hatte ich aus den regionalen Telefonverzeichnissen. Das funktionierte u.a. auch in Pully bei Lausanne, bis ich nach der Abfrage

Waadtländischer Allerweltsnamen wie Dupont, Pilloud oder Meylan leichtsinnig wurde, »Delamotte-Angoulème-Saint-Écrevisses-Oubradous des Saintes Virginies-les-douze-Cloches!« rief – und tatsächlich ein einsames, süßes, weibliches »Ils sont malades!« zur Bestätigung erhielt.

Um Akzente auf französischen Vokalen geht es auch in der nächsten Werkankündigung:

Ohne den kleinen Akzent auf dem è hätte es ein Komponist mit Namen Franz von Suppè im Leben vermutlich nicht leicht gehabt. Denken wir nur an den merkwürdigen Doppelsinn hinter der Frage: »Wie lange lebte Franz von Suppe?« Als Franz von Suppè ist er aber mit zahlreichen geistvoll-spritzigen Orchesterwerken in die Unsterblichkeit eingegangen, der wir ihn nun für die Dauer jener Ouvertüre entreißen wollen, die er seiner berechtigterweise vergessenen Operette mit dem Titel *Pique Dame* vorangestellt hatte. Der männliche Held dieser im Kartenlegermilieu angesiedelten Posse heißt übrigens Emil und trägt damit zwar einen Vornamen, gegen den an sich nichts einzuwenden ist, der aber im Vergleich mit Tristan, Otello, Florestan oder Lohengrin reichlich hemdsärmelig daherkommt. Die Paarungen »Emil und Isolde«, »Emil und Mélisande« oder gar »Emil und Julia« verdeutlichen dieses unverschuldete Dilemma. »Tristan und die Detektive« wiederum geht natürlich auch nicht. In diesen Zusammenhang gehört eine Ouvertüre, zu der Sie sich für die acht Minuten ihrer Spieldauer selbst eine Geschichte ausdenken dürfen, die jene einfältige Bühnenhandlung ersetzt, mit der wir Ihnen nicht die Lektüre verkomplizieren wollen. Aber vielleicht sind Ihnen diese Details ja ohnehin vollkommen schnuppè.

Pique Dame – von Franz von Bouillon. (UA 1864)

Dieser Text stammt ebenso wie der nächste aus einem Osnabrücker Neujahrskonzert und ruft Erinnerungen an die gelegentlichen Phasen recht mühseliger Texterstellung wach, an Tage, da man geistige Heuhaufen durchwühlt und nicht einmal eine Stecknadel findet, an Nächte, denen man um jeden Preis – und daher vergeblich – wenigstens *eine* klitzekleine Pointe abtrotzen möchte. Friedrich Nietzsche wusste: »Ein Werk, das den Eindruck des Gesunden machen soll, darf höchstens mit Dreiviertel der Kraft seines Urhebers hervorgebracht sein. Ist er dagegen bis an seine äußerste Grenze gegangen, so regt das Werk den Betrachtenden auf und ängstigt ihn durch seine Spannung. Alle guten Dinge haben etwas Lässiges und liegen wie Kühe auf der Wiese.« Zwar will ich mich weder in der geistigen Umgebung Nietzsches verorten noch meine schriftlichen Brosamen als »Werk« bezeichnen, aber sollte nicht das Bild lässig auf der Wiese liegender Kühe als Ansporn zur Mühelosigkeit in jedem Probenraum hängen?

Ein Zeitgenosse des großen Denkers, der Geiger und Komponist Joseph Hellmesberger aus Wien, hatte nur **eine** Kuh auf der Wiese liegen, um beim Bild zu bleiben, aber sein *Teufelstanz* hat ihn so in die Unsterblichkeit gerettet.

Auf der Suche nach verwertbaren Informationen über dieses Musikstück stieß ich nach zeitraubenden Recherchen endlich auf ein Dokument aus dem Jahre 1867, nämlich den 17. Band von Constant von Wurzbachs *Biografischem Lexikon des Kaisertums Österreich*. Auf den Seiten 195 bis 199 dieser empfehlenswerten Enzyklopädie fanden sich wertvolle Hinweise auf den Wiener Komponisten und Violinvirtuosen Joseph Mayseder (1789 bis 1863), dessen *Violinetüden opus 29 Nr. 6* seinen Landsmann und Zunftgenossen Joseph Hellmesberger zur Komposition der berühmten Gewitterszene inspirierten, die auch als Teufelstanz Bedeutung erlangte.

Als ich mich im Morgengrauen jenes unvergesslichen Weihnachtstages gerade tiefer in die Materie versenken wollte, trat überraschend meine sonst herzensgute Frau ins Zimmer, unser entkräftetes Kind im Arm, und forderte mich auf, im Interesse unseres Familienfriedens die Beschäftigung mit den Ansagetexten für das Osnabrücker Neujahrskonzert umgehend abzubrechen.

Als ich ihr Ansinnen unter Hinweis auf meine vertraglichen und inzwischen auch moralischen Verpflichtungen gegenüber dem Osnabrücker Symphonieorchester ablehnte, kam es in unseren Wohnräumen zu Gewitterszenen und einem Teufelstanz, der mit der Komposition Hellmesbergers auch die reichhaltige Verwendung der Schlaginstrumente gemeinsam hat.

Joseph Hellmesberger: Gewitterszenen (Teufelstanz) (1891)

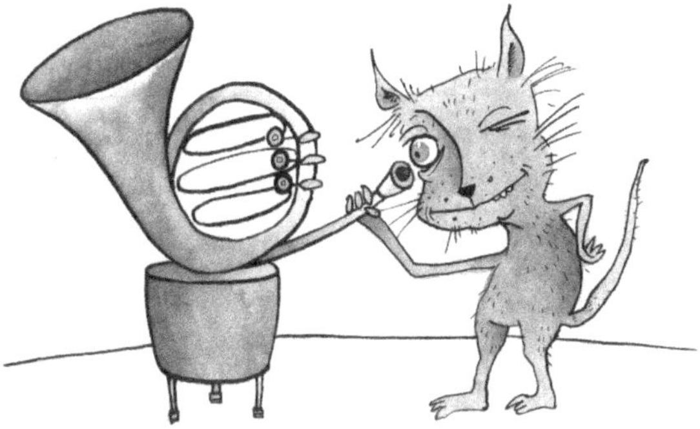

Wie schon erwähnt, war ich für einige Jahre auch Conférencier der philharmonischen Konzerte, die live aus der Philharmonie in die Kinos unserer weltweiten Verbreitungsgebiete übertragen wurden. Bei diesen Einsätzen lernte ich den Teleprompter kennen, dem viele Fernsehgrößen die erfrischende Spontaneität ihrer Bildschirmpräsenz verdanken – jedenfalls solange er nicht ausfällt. Falls doch, ist man innerhalb von Zehntelsekunden auf seine eigene Geistesgegenwart zurückgeworfen, um während des unkontrolliert über den Bildschirm zuckenden

Silbenrodeos eine möglichst besonnen formulierte Textalternative zu überlegen und gleichzeitig mit würdevoll-heiterer Miene ein paar Wortschablonen aus dem Notvorrat eines Sprechblasenroutiniers in Richtung Kamera abzusetzen. »Meine Damen und Herren, falls Sie sich soeben fragen, wie es weitergehen mag ... Ladies and Gentlemen, in case you ask yourselves how we might continue this extraordinary transmission ... so dürfen wir Ihnen an dieser Stelle versichern ... we are happy to assure you that – äh« ... und manchmal, aber nicht immer, genügen den um ihr Leben programmierenden Übertragungsexperten diese wenigen Sekunden, um den unterbrochenen Text wieder in die richtige Spur und damit zum Beispiel in den Ansagetext für das symphonische Tanzgedicht *La Péri* von Paul Dukas einzufädeln, das am Anfang eines der ersten Konzertprogramme unter der Leitung unseres neuen Chefdirigenten Kiril Petrenko stand:

»Die Partitur wird von mythologischen Gestalten aus einer Zeit belebt, als der Iran noch Persien genannt wurde. Mit den Ölvorräten jener Epoche füllte man damals die Zauberlampen, mit denen Aladin die Winkel seines Märchenreiches ausleuchtete. In einem schummrigen, fernen Eckchen dieses unzugänglichen Geländes stieß einst der märchenhafte Prinz Iskander mitten in einer heiklen Geigenstelle auf eine wunderschöne, aber schlafende Fee mit vier Buchstaben, nämlich auf eine Péri, die Titelheldin dieses »Poème dansée«, des Tanzgedichtes von Maître Paul Dukas, compositeur de Paris. Eine Péri ist eine aus Göttersicht unzuverlässige, aber überwiegend wohltätige Himmelsbewohnerin mit Neigung zur symphonischen Fallsucht, die sie hin und wieder aus überirdischer Höhe auf die Erde purzeln lässt. Um sich hierbei vor körperlichen Langzeitschäden zu bewahren, trägt die Péri sicherheitshalber stets eine Lotusblüte, die Blume der Unsterblichkeit bei sich. Der Prinz nun, dessen Verlangen nach der Blüte stärker ist als seine Zuneigung zur schlafenden Péri, stiehlt ihr die Blume auf so unbeholfene Weise, dass die Fee erwacht und ihren Protest in einem verführerischen Tanz ausdrückt, dessen gestalterische Kraft

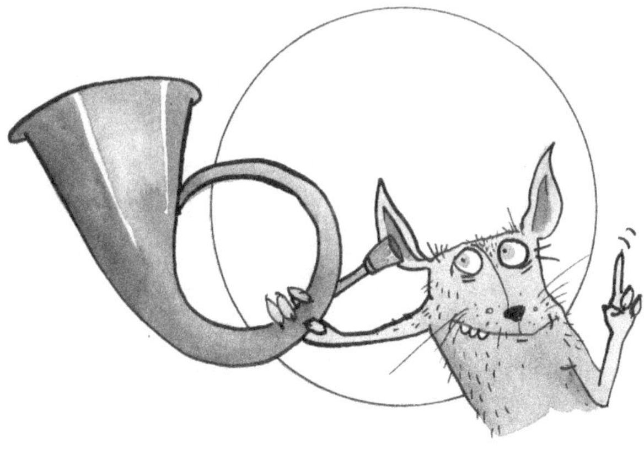

Paul Dukas: La Péri (UA 1912)

den Prinzen zur Rückgabe des begehrten Ziergewächses veranlasst. Die Geschichte geht insofern für den Prinzen nicht gut aus, als die Péri sich samt der zurückgewonnenen Blüte in einem Blitzschlag mit nachfolgendem überstürzten Verdunklungsakt wieder in den Himmel zurückzieht und ihn, den Prinzen, der unentrinnbaren Finsternis eines nahenden Todes preisgibt. All das geschieht in rund zwanzig klangsprühenden Minuten und endet in einem versöhnlichen E-Dur auf Seite 137 der Partitur, eine der wenigen übrigens, die ihr Verfasser Paul Dukas trotz chronischer Selbstzweifel nicht vernichtete.«

In den ersten dreißig Jahren meiner Hornistenlaufbahn gab es in Konzerten von Hornensembles meines Wissens keine Moderation. Einziges außermusikalisches Element war das intensive Entwässern der Instrumente, ein Vorgang von begrenztem Unterhaltungswert. Unser damaliger Gruppenchef, die schon erwähnte Hornlegende Gerd Seifert, hatte in seiner unwiderstehlichen Art verfügt, diesen technisch unverzichtbaren Entwässerungsvorgang, um ihn nicht wie eine Peinlichkeit zu verbergen, quasi als Programmpunkt umso gründlicher vorzuführen. Weil Gerds Anordnungen wenig Widerspruch duldeten, demonstrierten wir also den ganzen Abend lang zwischen den Musikstücken oder sogar ihren einzelnen Sätzen das Große Hofzeremoniell öffentlichen Wasserlassens.

Das moderne Doppelhorn enthält in der Regel acht Züge genannte, gebogene Messingdoppelröhren, die der Hornist um jeden Preis und Aufwand von Kondenswasser freihalten sollte, weil es sonst das gefürchtete Blubbern im Ton verursacht. Wir müssen also bei gewissenhafter Anwendung jeden dieser acht Züge einzeln herausziehen, durch Schütteln entwässern, wieder einsetzen, das Instrument mehrmals um die eigene Achse drehen, die zwei Hauptzüge nach unten gerichtet, kräftig in Richtung Bühnenboden rütteln und schließlich unter erheblichen Verrenkungen der Nackenpartie mit aller Macht in das Mundrohr pusten, um auch die letzten Wassertröpfchen loszuwerden. Die Pustegeräusche klingen wie Versuche, stoßweise den Herbststurm zu imitieren, verlieren aber für das Publikum schnell an Attraktivität. Als Gerd pensioniert war, gingen wir einvernehmlich zu diskreterem Vorgehen und verbindenden Ansagen wie der folgenden über:

Josef Haydn hinterließ kein einziges Werk für acht oder auch nur vier Hörner. Zu seinem 200. Todestag im Jahre 2009 hatten das Wiener Waldhorn Werk Eisenstadt und der Preußische Posthornverband Potsdam die Umarbeitung der wichtigsten Streichquartette Haydns für gemischte Hornbesetzungen in Auftrag gegeben. Das Rondo aus dem *Quartett opus 33 Nr. 2 in Es-Dur* ist als Pilotprojekt dieser Umarbeitungskampagne zu verstehen. Der Musikfreund wird mit Genugtuung feststellen, dass bei der vorliegenden Bearbeitung die bisweilen doch schmerzhaften Frequenzen der hohen Geigentöne auf ebenso wohltuende Weise wegfallen wie der oft allzu teilnahmslos vor sich hin holpernde Klang der Bratsche. Überhaupt sei den Streicherkollegen, die uns Hornisten die Verunreinigung des Fußbodens durch die Entwässerung unserer Instrumente vorhalten, an dieser Stelle entgegengehalten, dass durch das weltweit praktizierte Einrammen des Cellostachels bereits Parkettflächen von der Größe des Staates Wisconsin durchlöchert und damit unbrauchbar gemacht worden sind. Vor dem Hintergrund dieser Ausführungen:

Rondo Presto, von Joseph Haydn (UA 1781)

Die nächste Ansage berührt eine Problematik, deren wir Blechbläser uns sozusagen punktuell in den Sommermonaten bewusst werden, wenn nämlich die Anzahl der Veranstaltungen unter freiem Himmel zusammen mit der Belästigung durch dort verkehrende Insekten zunimmt. Die Mückenangriffe auf Orchestermitglieder während der Konzerte in der Berliner Waldbühne sind schon schlimm genug, aber harmlos im Vergleich zu Abenden auf Blechbläserfestivals, die wir mit zugeschwollenen Gesichtern und verdoppelter Lippengröße verließen. Einzig Schlagzeuger Herbie konnte sein Instrumentarium, vor allem Jazzbesen und Trommelstöcke, als zerstörerisch rotierende, ventilatorenartige Abwehrwaffen einsetzen, während er durch den intensiven

Gebrauch der beiden Fußmaschinen zumindest bei Musikstücken im Hochgeschwindigkeitsbereich schöne Erfolge bei der Insektenabwehr in Bodennähe erzielte. Hängebecken und Trommelfelle sahen nach Konzertende aus wie früher die Frontscheiben unserer Autos nach einer Nachtfahrt von Berlin nach Avignon. Auch unser legendäres Schwebfliegenkonzert im fensterreichen Prunksaal von Schloss Wolfegg bei Ravensburg kommt mir da in den Sinn, und ich frage mich, ob künftige Generationen die folgende Ansage überhaupt werden verstehen können – wenn Vogelgezwitscher allenfalls in Audiodateien überlebt und Hummeln nur noch als Musikstücke den Äther durchfliegen.

»Winterstürme wichen dem Wonnemond« singt der in seine Schwester verliebte Siegmund im ersten Akt der *Walküre.* Der Wonnemonat aber ist der Mai, und im Mai sind auch die Nachfolger all der Insekten wieder da, die die Winterstürme nicht überlebt hatten, also die Maikäfer, die Schwebfliegen, die Gemeine Pferdebremse, die Stechfliege, die Hornisse und viele andere selbstbewusste Zweiflügler. In diesen Saal hier sind sie heute nicht durch den Klimawandel, sondern durch Unklarheiten bei der Übersetzung geraten. Die Stechfliege zum Beispiel heißt auf Englisch »The Gadfly«, was auf Russisch mit »Owod« übersetzt werden kann. »Owod« wiederum kann auch »die Hornisse« bedeuten, ein Unterschied, auf den man zumindest als Gestochener größten Wert legt. Noch wirksamer als der Stich der Hornisse ist jener der Tarantel, eines hochgiftigen Spinnentiers aus der süditalienischen Provinz Taranto und Namensgeber für einen vergleichsweise harmlosen Volkstanz namens Tarantella – womit wir nun endlich fast alle Hauptbeteiligten an unserem nächsten Musikstück genannt hätten. Es fehlen nur noch der Komponist Dmitri Schostakowitsch, der in seine Musik zum Film *Owod* die nun folgende Tarantella eingebaut hatte, und die britische Autorin und Salonkommunistin Ethel Voynich, auf deren Roman aus dem Jahre 1897 die ganze Geschichte zurückgeht. Alle genannten Lebe- und Schwebewesen werden in den kommenden zwei Minuten vierzig Sekunden den Saal durchschwirren, und verantwortlich für diese Flugnummer ist ein Osnabrücker Musikfreund, der mit seinem ganz persönlichen Zusatzwunsch auf dankenswerte Weise in ein symphonisches Wespennest gestochen hat. Hieraus eine Stichprobe.

Dmitri Schostakowitsch: Owod – The Gadfly (Tarantella aus der Orchestersuite zur Filmmusik)

Der nächste und letzte Ansagetext vor unserem tierischen Finale ist ein mäßig salopper Monolog in der Ich-Form, deren Verwendung sich anbietet, um pointenarmen Texten durch Vortragsnuancen wie Dialektgebrauch oder Stimmverstellung ein wenig auf die Beine zu helfen.

Ja, also … ich war schon irgendwie irritiert, als der Hermann am Telefon sagte *Winzerklänge* – ich sagte »Wie, Winzerklänge? Das passt doch gar nicht zu dem Motto *Very British* – England ist doch kein Weinland!«

Mein Gott, was hat sich da der Hermann beömmelt … »Nee, nicht *Winzerklänge*«, sagt der zu mir, »*Wind-sor-Klänge*, wie das Schloss.«

Ja, da war mir das natürlich klar. Windsorklänge. Und dann kam die Erinnerung hoch an die Jugendzeit, als mein Vater sagte, also bis zur Konfirmation da müsstest schon Krawatten binden gelernt haben, am besten den Winzerknoten. Da war's wieder, Winzerknoten. Und ich Trottel fahre extra mit dem Fahrrad von Düsseldorf bis an die Mosel zu so einem Weingut und frage dort, ob sie mir den Winzerknoten beibringen können, und dann haben die auch so gelacht und sich gar nicht mehr eingekriegt. Dann haben sie's mir aber erklärt, von wegen Windsorknoten. Gut, kann ja mal passieren. Aber interessant: als der Hermann das Wort Winzerklänge sprach, kriegte ich so 'n Knoten im Hals. Das war der Winzerknoten.

Der nun folgende Walzer dauert übrigens genauso lange, wie ich früher fürs Krawattenbinden gebraucht habe.

Windsorklänge – der Walzer zum Knoten.

Johann Strauß: Walzer Windsorklänge op. 104 (UA 1852)

»Manchmal fast wie Loriot!« war das schönste Kompliment, das ich je erhielt, denn der Weg hinauf zu den unerreichbaren Höhen seiner humoristischen Meisterschaft ist auch im Scheitern eine durchweg heitere Angelegenheit – getreu der Einsicht »too funny to fail«. Eine unverhoffte Gelegenheit, ihm sozusagen offiziell nachzueifern, bot sich, als mich das Scharoun-Ensemble – hochgerühmtes, 1983 gegründetes und Loriot jahrzehntelang freundschaftlich verbundenes Kammermusikensemble der Berliner Philharmoniker – fragte, ob ich nicht für Loriot als Sprecher seiner Textfassung des *Karneval der Tiere* einspringen könne, der Meister sei verhindert. Die Vorfreude auf diese Konzerte versetzte mich in eine übermütige Stimmung (»Mut oder Übermut, was weiß ich!« *Siegfried*, 2. Aufzug, 2. Szene) – aus der heraus ich zum Spaß einen eigenen Text verfasste und die Ensemblemitglieder bat, nach einer Leseprobe zu entscheiden, ob ich ihn als Alternative zur legendären Loriot-Version bei den Aufführungen verlesen dürfe. Die Kollegen stimmten zu, billigten auch meine Textfassung, und nach den Konzerten bedauerten die Zeitungen in ihren wohlwollenden Rezensionen nur, dass ich den Verfasser nicht genannt hatte. Das darin enthaltene Lob war mir nicht neu, denn schon oft war ich nach Konzerten mit meinen Texten gefragt worden, wer die eigentlich geschrieben habe. Damit Sie sich, verehrte Leserschaft, gegen Ende unserer Ansagenparade selbst ein Bild davon machen können, ob und wie man auch außerhalb Loriot'scher Fußstapfen in den Zoo des Camille Saint-Saëns gelangt, folgt nun

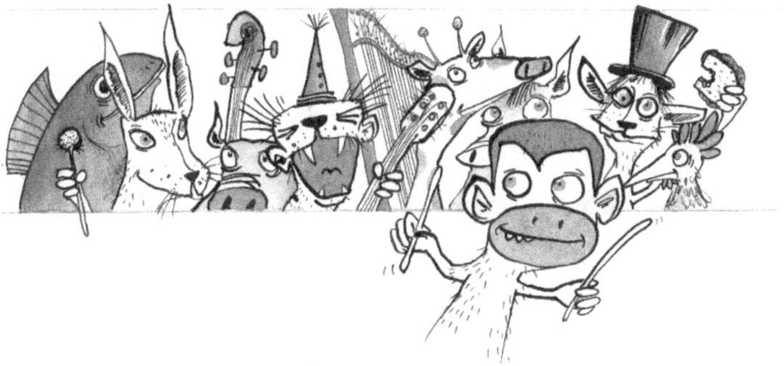

DER KARNEVAL DER TIERE

(Große Zoologische Fantasie, von Camille Saint-Saëns)

Die Pelztiere hatten endlich ein neues Gehege erhalten, das nun dringend der Einweihung bedurfte. Hierfür war dem Löwen der Abschlussball der Karnevalssaison geeignet erschienen, und nicht einmal die Maulesel hatten Einwände geäußert, so groß war ihre Vorfreude auf die solistischen Einlagen besonders begabter Gattungen gewesen.

Die Raubtiere hatten zugesagt, ihre Ernährungsgewohnheiten zu überdenken, und so waren auch die Gäste wieder vollzählig erschienen.

Man hatte eine kleine, aber schlagkräftige Kapelle von Pinguinen verpflichtet, die von weit her angereist war und dem Vernehmen nach aus ersten Kräften bestand.

Der Löwe passte seine ohnehin schon würdevolle Miene der Bedeutung der Vorgänge an und schritt zum Zeichen des Beginns in seiner erhabensten Gangart ins weite Rund des Geheges.

Hühner und Hähne

Unter der Führung baskischer Kampfhähne hatten sich an die hundert frei laufende Legehennen aus dem Oldenburgischen zu einem stimmungsvollen Einputten versammelt.

Die Hähne waren zur Feier des Tages mit ihren Konzertflügeln erschienen. Sehr zum Entzücken der Haushühner genossen sie unüberhörbar ihre Sonderstellung.

Hemionen

Besonders in der Geflügelecke war man restlos begeistert und flatterte heftig Beifall, als plötzlich ein bedrohliches Poltern zu vernehmen war. Aus der Tiefe der zwei Klaviere stürmten Dutzende wurstförmiger Wesen herauf, verteilten sich geschickt über die Skalen und veranstalteten zwischen den schwarzen und den anderen Tasten ein ohrenbetäubendes Rodeo.

Schildkröten

Die Schildkröten waren wegen der langen und beschwerlichen Anreise das letzte Mal 1913 aufgetreten, und so war die Spannung im Publikum ungeheuer. Die Neueinstudierung der Balletteinlagen oblag seit der Französischen Revolution Lady Curzon, der Grande Dame unter den Amphibien.

Die Choreografie zum Can-Can hatte sie Jacques Offenbach am Tag nach der Uraufführung 1858 im Austausch gegen ihr legendäres, in Schildkrötenkreisen allerdings umstrittenes Suppenrezept abgetrotzt.

Die Proben hatten wegen Sonnenfinsternissen oder Weltkriegen immer wieder unterbrochen werden müssen, und man war auf alles gefasst.

Inmitten der Manege ging Lady Curzon etwas aus sich heraus, gab bedächtig, aber entschlossen das Zeichen zum Beginn und verfolgte unter dem Johlen und Pfeifen der ungeduldigen Verehrergemeinde den Auftritt ihrer moosbedeckten Amazonen.

Der Elefant

Der Elefant war als Erster erwacht.

Er hatte schlecht geschlafen und wieder den Albtraum gehabt, in dem die Sache mit dem Porzellanladen eine Rolle gespielt hatte.

In Erwartung seines bevorstehenden Solos, dem die Fachwelt einiges Gewicht beimaß, hatte er sich zu einer dezenten Vortragsweise durchgerungen, und so kam es, dass die ersten öffentlichen Auftritte des Elefanten relativ vorsichtig erfolgten.

Kängurus

»Schlicht und für ein Lastentier nicht ungeschickt«, hatte der Pelikan soeben seinen Notizen hinzugefügt, als seine Aufmerksamkeit durch die Ankunft zweier sprunghafter Wesen in Anspruch genommen wurde.

»Die Post ist da!«, riefen die Kängurus, entnahmen ihren Beuteln die begehrten Briefe aus der Heimat und verteilten sie behände – den ersten an den Albatros, den letzten an das Zebra.

Aquarium

Unter Wasser hatte man nichts dem Zufall überlassen. Der Kabeljau hatte die Stromversorgung übernommen, und einige Seepferdchen überprüften in leichtem Galopp die Positionen der kunstvoll drapierten Leuchtkörper, deren diffuses Licht die geschuppten Abgesandten der Ozeane in bizarren Farben und Formen erscheinen ließ.

Unter choreografischer Betreuung durch den Zitterrochen, von dem man sich die meisten Impulse erwartete, begannen die glänzenden Eleven – angefeuert von Quallen und Korallen – ihre submarine Sarabande.

Der Kuckuck

»Das ist ja ein Skandal!«, empörte sich der sittenstrenge Dompfaff.

»Nackte Fische in der Öffentlichkeit, und noch dazu vor den Kindern!

Nun ja, ich werde das höheren Orts vortragen, und mit den Konsequenzen werden SIE sich auseinanderzusetzen haben!«

Bei den letzten, an ihn gerichteten Worten war der Löwe ein wenig zusammengezuckt.

»Ich glaube, etwas Liturgisches wird ihn beruhigen«, raunte ihm da der Kuckuck ins Ohr, der gerade von einer Zwangsvollstreckung zurückgekehrt war und nun fortfuhr:

»Ich hätte da einen sehr schönen Choral auf Lager, den ich neulich während der Messe einmal überflogen habe. Den Cantus Firmus singe ich ein wenig aus der Ferne, das macht sich besser.«

»Singen Sie, singen Sie!«, flehte der Löwe und sah seinem davonfliegenden Helfer dankbar nach.

Voliére

»Sie hörten die Waldandacht«, sagte trocken die Spottdrossel und wandte sich an den Dompfaff:

»Dürfen wir jetzt endlich beginnen, Euer Hochwohlgeflogen? Die Lerche ist längst eingesungen und wird schon ganz flatterhaft, die Kolibris zittern vor Aufregung, und der Regenbogenpfeifer kann sich die Melodie kaum noch merken!«

»Ich werde selber mitsingen!«, jubilierte der Dompfaff, denn er schwärmte heimlich für die Lerche.

Pianisten

Neben den tibetischen Zwerghemionen sind wohl die Pianisten die exotischsten aller Wirbeltiere.

Obwohl menschenscheu und hochsensibel, benötigen sie doch ein vorzugsweise größeres Publikum zur Arterhaltung.

Einzelne Exemplare werden regelmäßig in saalartigen Anlagen beobachtet.

Sie sind dann meist schwarz-weiß gezeichnet, arbeiten mit Ton- oder anderen künstlerischen Leitern und leben von den Händen in den Mund.

Ihre Bemühungen auf dem Weg zu höchster Vollendung kann man oft nur mit Rührung verfolgen.

Fossilien

»Wenn nur die Tasten nicht aus Elfenbein wären!«, monierte ein Elefant ärgerlich und knirschte mit den Stoßzähnen. »Die Klavierindustrie floriert, und unsereins stirbt aus!«

Ein Mammut war, erheblich angezecht, in Begleitung der gesamten Prähistorischen Abteilung eingetroffen und widersprach:

»Wenn man erst einmal ausgestorben IST, meine Herren, verbessert sich die Lebensqualität täglich. Ich weiß, wovon ich rede.«

»Wir alle wissen, wovon wir reden!«, lallte ein noch nicht gänzlich versteinerter Ohrwurm. Und aus dem Vorrat von Jahrmillionen grölten die übermütigen Ahnen ihre zotigen Gassenhauer in die mondhelle Nacht.

Der Schwan

Die Altvorderen hatten mit ihrem wilden Spuk die Vertreter der überlebenden Arten in einer etwas betretenen Stimmung zurückgelassen, die dem Schwan mit seinem feinen Sinn für Höhepunkte nicht entgangen war; und so nutzte er die überraschende Stille – auf dem mondbeschienenen und leicht gekräuselten Parkett seines Weihers – zu einem trostreichen Gesang über den Wassern.

Finale

»Schon wieder ernste Musik!«, schimpften die Kängurus. »Man altert ja schon beim Zuhören!«

»Man kommt richtig ins Brüten«, beschwerten sich nun auch die Hühner.

»Jetzt käme der Kehraus, und wir sind immer noch in dieser Grabesstimmung.«

Der Löwe, der um seine Popularität fürchtete, heuchelte Verständnis für den Unmut seiner jüngeren Untertanen und entschloss sich zu einem monarchischen Machtwort:

»Zum Finale auf die Plätze!«, röhrte er mit gespielter Strenge, und zu den zündenden Melodien der unermüdlichen Kapelle krönten die Tiere ihren Karneval mit einem großen Zoologischen Kehraus.

*

À propos Kehraus: Die vom Verlag empfohlene Seitenzahl ist bereits überschritten, Foliantenstärke nicht beabsichtigt. Wir beenden also die kleine Textauswahl mit einem Dank für Ihre Geduld, begeben uns für den Schlussvorhang gemeinsam hinüber in den Konzertsaal von – sagen wir – Emmelshausen und wenden uns an die inzwischen stehend versammelte Zuhörerschaft: »Meine Damen und Herren, wir möchten Ihnen am Schluss unserer Darbietung ein ganz großes Kompliment machen: Sie waren ein beneidenswertes Publikum und haben sich durch Ihre vorbildliche Applausvergabe eine letzte Zugabe redlich erzwungen:

Bleibt uns treu und bleibt noch lange,
wie's so schön heißt, bei der Stange!
Hat euch dieses Buch gefallen,
sollt ihr's durch die Kneipen lallen,
in Büros und Stuben tragen
und den Nachbarn weitersagen:
Musik ist prima, ist nix Schweres,
nix Steifes oder Elitäres,
ist nicht so förmlich, wie man denkt …
und manchmal kriegt man sie geschenkt.
In diesem Sinne, liebe Leute:
lest mehr Musik, und nicht nur heute!«

*

Das Scheinwerferlicht erlischt. Im Dämmer der Pultbeleuchtung sammeln wir unsere Noten ein, verlassen das Podium und verabschieden uns auf dem Weg zu den Garderoben auch vom diensthabenden Feuerwehrmann, der das Konzert von seinem Stammplatz neben der Bühne aus verfolgt hat. »Sagen Sie mal«, fragt er mich leutselig. »Von wem sind eigentlich die Texte?«

Mit einem wissenden Lächeln lasse ich ihn im Bühnendunkel stehen …

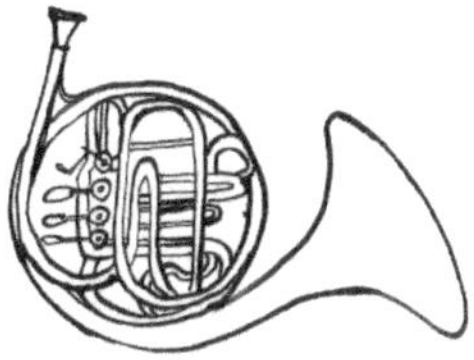

HIER GEHT'S UM …

Aus Verantwortung für die Umwelt hat sich der *Verlag Galiani Berlin* zu einer nachhaltigen Buchproduktion verpflichtet. Der bewusste Umgang mit unseren Ressourcen, der Schutz unseres Klimas und der Natur gehören zu unseren obersten Unternehmenszielen.

Gemeinsam mit unseren Partnern und Lieferanten setzen wir uns für eine klimaneutrale Buchproduktion ein, die den Erwerb von Klimazertifikaten zur Kompensation des CO_2-Ausstoßes einschließt.

Weitere Informationen finden Sie unter:
www.klimaneutralerverlag.de

FSC www.fsc.org
MIX
Papier aus verantwortungsvollen Quellen
FSC® C014496

Verlag Kiepenheuer & Witsch, FSC® N001512

2. Auflage 2021

Verlag Galiani Berlin

Umschlaggestaltung Manja Hellpap und Lisa Neuhalfen
Umschlagmotiv © Heike Drewelow
Lektorat Wolfgang Hörner
Illustrationen Heike Drewelow und F. W. Bernstein (Seite 61, 163)
Gesetzt aus der Berling
Satz Buch-Werkstatt GmbH, Bad Aibling
Druck und Bindung GGP Media GmbH, Pößneck
ISBN 978-3-86971-231-4

Weitere Informationen zu unserem Programm finden Sie unter *www.galiani.de*

Wallendorfs erster Streich

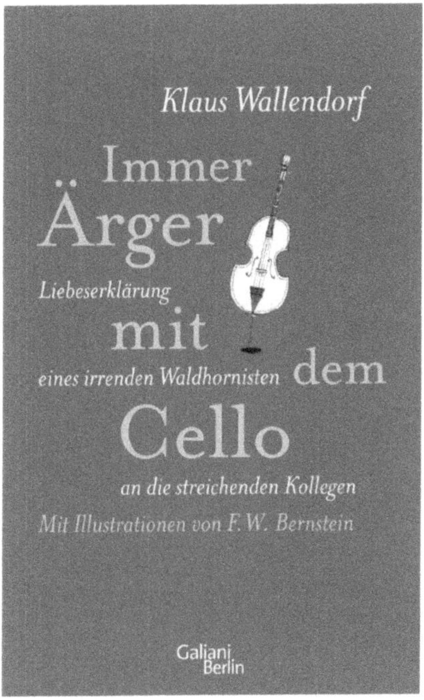

Gebunden, 176 Seiten

Wenn Klaus Wallendorf von den Berliner Philharmonikern zum Waldhorn greift, schmilzt die Zuhörerschaft dahin – greift er zur Feder, liegt sie ihm schmunzelnd zu Füßen.

»Dass der Hornist nicht nur mit Tönen, sondern auch mit Worten kann, ist Klassikfans schon länger bekannt.«
Der Tagesspiegel

Galiani Berlin
www.galiani.de